JEAN-FRANÇOIS KPAÏ

LE
PFLEGE
HELFER

Leben im Alter

novum pro

Dieses **Buch ist** auch als
e-book
erhältlich.

w w w . n o v u m v e r l a g . c o m

Bibliografische Information
der Deutschen Nationalbibliothek:

Die Deutsche Nationalbibliothek
verzeichnet diese Publikation in
der Deutschen Nationalbibliografie.
Detaillierte bibliografische Daten
sind im Internet über
http://www.d-nb.de abrufbar.

Gedruckt in der Europäischen Union
auf umweltfreundlichem, chlor- und
säurefrei gebleichtem Papier.

© 2023 novum Verlag

ISBN 978-3-99131-857-6
Lektorat: Isabella Busch
Umschlagfotos:
Herbert Schafer, MediaDesign;
Settaphan Rummanee I Dreamstime.com
Umschlaggestaltung, Layout & Satz:
novum Verlag

www.novumverlag.com

Climate neutral
Print product
ClimatePartner.com/16547-2201-1002

MEIN DANK

Ich hatte lange weder den Wunsch noch den Mut, geschweige denn die finanziellen Mittel, um meine verschiedenen kleinen Notizen, die ich bereits seit 2017 zu Papier gebracht hatte, in Buchform herauszubringen. Deshalb möchte ich mich an dieser Stelle bei allen bedanken, die mir dabei Mut gemacht und mich unterstützt haben.

Ich danke:

meiner **Ehefrau** Ablan und unseren **Kindern** Jocelyne, Marvin, Morelle, Calvin und Ange für all die Zuneigung, die sie mir schenken,

all den alten Menschen von der **Stiftung Wolfacker** in Düdingen und der **Senevita Résidence Beaulieu** in Murten, die meine authentische Arbeitsweise immer wieder zu schätzen wissen,

Andrea und Mathias **Vonlanthen,** die mir nach meiner sehr schmerzhaften Entlassung aus der Stiftung Wolfacker ihre großen Herzen gezeigt und geöffnet haben,

Marius **Baechler** und Siegfrid **Perroulaz** für ihr spontanes Selbstvertrauen und ihren vielfach wertvollen finanziellen Beitrag,

Jacqueline und Anton **Haymoz** für ihre enorme administrative Unterstützung bei der Erlangung der Schweizer Staatsangehörigkeit meiner Ehefrau und meiner Kinder,

Chantal und Matthias **Wider** für ihre diskrete, aber sehr aufrichtige Freundschaft mit meiner kleinen Familie und mir,

Annabel und Bruno **Burri** für all das Mitgefühl für mich, für meine Frau und für meine Kinder,

Rolf **Rotzetter** dafür, dass er mir 2019 die erste Gelegenheit gegeben hat, mit dem Sport Club Düdigen als Assistenztrainer aktiven Fussball in der Schweiz zu erleben,

Christian **Monney** und Florian **Barras,** die mich trotz der CO-VID-19-Pandemie und der sozialen Unsicherheit meines Landes mutig nach Bangolo begleiteten, genau nach Ziondrou bis zum Grab meiner Mutter **Bah Amoin Généviève.**

Und nicht zuletzt danke ich natürlich **Herbert Schafer** für diese beiden großartigen Fotos. Einfach Klasse, **PäPù**!

Ich werde euch nie vergessen.

Ich bin ein Meter achtzig und wiege 75 Kilogramm. Wenn ich meine Haare wachsen lasse, sind sie schwarz und kraus. Es scheint, dass ich große Augen habe, aber ich sehe immer noch nicht all die vielen Unterstützer der Heuchelei, die in meinem Gefolge weit verbreitet sind. Zum Glück haben sich meine Ohren an meinen Kopf angepasst. Was meine Nase betrifft, ja diese berühmte Nase, ihre Form zeigt einfach meine Herkunft an. Sie haben es sicherlich erraten, ich bin Afrikaner ivorischer Herkunft. Also von der Elfenbeinküste, einem der besten Kaffee- und Kakaoanbauländer der Welt, das aber immer noch als Entwicklungsland gilt. Die Elfenbeinküste ist auch eine der ehemaligen Kolonien, die heute zu einer der besten Provinzen der fünften Weltmacht zählt. Der Geschichte nach ist die Elfenbeinküste jedoch seit den 1960er-Jahren unabhängig! Und dieses Ende der Abhängigkeit wird jedes Jahr von den neuen Führern, die oft demokratisch von den Waffen gewählt werden, mit Stolz gefeiert. Kurz gesagt, die Elfenbeinküste ist auf jeden Fall unabhängig, obwohl sie dies erst noch beweisen muss. Dies ist jedoch offensichtlich die Schuld ihrer Führer, die immer noch nicht wissen, wie sie die westliche Demokratie an verschiedene afrikanische Kulturen anpassen können. Dennoch bin ich stolz darauf, von dieser Elfenbeinküste zu kommen. Doch während in einem Land wie der Schweiz die Schule eine Option für den Erfolg ist, hat die Elfenbeinküste diesbezüglich noch Nachholbedarf. Daher mein Projekt, ein Fußballtrainingszentrum in der Elfenbeinküste einzurichten, das auch darauf abzielt, den Auszubildenden bestimmte Berufe nahezubringen, einschließlich natürlich den der Pflegekraft. In dieser Elfenbeinküste wurde ich geboren und habe meine ganze Kindheit, einschließlich meiner Schullaufbahn, verbracht. Nach dem Wunsch, nach England zu gehen, befand ich mich unerwartet in der Schweiz. Ich war jedoch noch im Besitz einer offiziellen Aufenthaltserlaubnis der Bundesrepublik Deutschland. Ich wollte wegen der tiefen Enttäuschung über meine Trennung von meinem ältesten Sohn und seiner Mutter aber nicht mehr in dieses Land zurückkehren. Dann das Feuer in meinem Haus mit dem Verlust all meiner emotionalen Erinnerungen. Ich wurde aufgrund meiner Intuition gerettet. Respekt vor all denen, die denken und sagen, dass Sprache die Intuition nicht ersetzen kann. Im Jahr 2000 nahm ich schließlich aus Naivität, aber auch aus Frustration und vor allem aus Wut einen Identitätswechsel vor. Was für ein Unsinn! Der offizielle Grund für meine Ankunft auf Schweizer Boden, war der Bürgerkrieg, der durch Ignoranz und Selbstsucht der ivorischen politischen Klasse unter der scheinheiligen Unterstützung einiger ihrer afrikanischen Kollegen hervorgerufen wurde. Ansonsten bin ich wenig an Politik interessiert. Aber wie Sie vielleicht nicht wissen, wird man in der Elfenbeinküste wie in mehreren afrikanischen Ländern von der Politik beherrscht und bestraft, wenn man nicht das tut, was den Machthabern gefällt. Ich kann gar nicht sagen, wie sehr ich die Zeit unseres ersten Präsidenten Félix Houphouët Boigny vermisse. Ich bedaure es auch, ihn als Dieb bezeichnet zu haben, obwohl mir bewusst ist, dass er einer der sicheren Vertreter des Kolonisators für seine afrikanischen Mitbürger war. Letzterer war nicht unbedingt ein Engel, aber dank ihm und seiner vielen Geschäfte mit seinen Meistern lebten die Ivorer in einer gewissen Harmonie. Er war ein großer Befürworter von „Lass uns hinsetzen und reden", obwohl er es am Ende war, der alles entschieden hat. Da sind wir uns einig! Nach meinem Treffen nur zwei Monate nach meiner Ankunft in Freiburg mit einer Schweizer Frau aus dem Bezirk Sense blieb ich endlich in der Schweiz. Letztere traf ich im Kantonskrankenhaus, während sie im Dienst war, und meldete mich freiwillig beim Verkauf von Mimosenblüten für eine wohltätige Aktion für die Ärmsten des Kantons.

Und da ich derzeit von einer befristeten Aufenthaltserlaubnis in der Schweiz profitiere, wurde ich wie viele andere vom Hilfsdienst des Roten Kreuzes betreut. Zuerst als Gruppe in einem Heim und dann zu zweit in einer Zweizimmerwohnung. Ich gebe zu, dass das Gemeinschaftsleben mit verschiedenen Kulturen und Mentalitäten nicht einfach ist, aber ich habe mich trotzdem schnell an den Kontext dieses Beginns meines neuen Abenteuers angepasst. Trotz des unwürdigen Verhaltens bestimmter sozialer Mitarbeiter, möchte ich diese Gelegenheit nutzen, um mich bei denen zu bedanken, die ihre Arbeit mit Professionalität und Menschlichkeit erledigt und sich so verhalten haben, wie es die wahren Schweizer Werte erfordern. Im Februar 2005 habe ich meine Freundin aus dem Bezirk Sense geheiratet und damit den blauen Pass der Vereinten Nationen vermieden, der gleichbedeutend mit politischen oder humanitären Flüchtlingen wäre. So brauchte ich keine Angst zu haben, nie wieder in mein Heimatland zurückkehren zu können. Aber auch, weil meine Freundin und Frau mich beruhigen konnte, indem sie mich von Anfang an ihren beiden Töchtern, ihrer Mutter und einigen ihrer Bekannten vorstellte. Tief in meinem Inneren wollte ich aber auch nicht an die Stelle einer anderen Person treten, die dieses wertvolle internationale Menschenrechtsdokument verdient hätte. Bibi, jetzt meine Frau, für die ich viel Zuneigung und besonders Respekt empfinde, wusste das vor unserer Ehe. Sie wusste, dass ich kein Politiker, sondern Sportler war. Sie wusste, dass ich mehrere Jahre als Fußballer in der Bundesrepublik Deutschland geblieben war und dass ich auch in meinem Land als solcher bekannt war. Was sie manchmal dazu brachte, mich ein verwöhntes Kind zu nennen. Sie wusste auch, dass ich einen Sohn namens Marvin hatte, den ich sehr liebte. Letzterer und seine Mutter besuchten mich ein Jahr später in der Schweiz. Bibi hatte mich oft über Daloa sprechen gehört, eine der großen ivorischen Städte, Stadt meiner Kindheit und Jugend. Daloa ist die Hauptstadt der Region Bas-Sassandra. In dieser Stadt, auch „die Stadt der Antilopen" oder „die grüne Stadt" genannt, lernte ich während meines Schulzyklus verschiedene Sprachen und begann auch Fußball zu spielen. Zuerst mit Freunden auf der Straße, zwischen den verschiedenen Passagen von Fahrzeugen, mit Steinen als Tor, oft ohne Schuhe, ohne richtige Ausrüstung und Bälle. Wir spielten ohne echte Regeln, aber mit viel Freiheit und Spaß. Sprechen Sie also nicht mit mir über die Struktur eines Fußballtrainingszentrums in dieser wunderbaren Zeit meiner Kindheit. Dann trat ich erst im Alter von fünfzehn Jahren der Juniorenmannschaft des Clubs der besagten Stadt bei; dem Reveil Club Daloa, um im Alter von siebzehn Jahren endlich eine Fußballkarriere zu beginnen. Nach sieben Jahren in der zweiten und ersten Liga mit dem Reveil Club Daloa, im Jahr 1992, als ich gerade vierundzwanzig Jahre alt geworden war, stellte mich das Stade d'Abidjan ein, ein Verein in der Hauptstadt und zu dieser Zeit einer der besten des Landes, außerdem der erste ivorische Verein, der einen afrikanischen Pokal gewann. Zwei Jahre später konkretisierte Mondon Konan Julien, Präsident des besagten Clubs, meinen Transfer nach Deutschland in einen Verein der dritten Liga. Während meines Aufenthalts in Deutschland spielte ich 1996 eine kurze Zeit bei Kayiserispor, einem Verein, der gerade in die erste Liga der türkischen Meisterschaft eingetreten war. Um diesem Club beizutreten, hatte ich sogar das Privileg, einen Privatjet von Berlin nach Istanbul zu nehmen. Was für ein tolles Erlebnis! Ich hatte also insgesamt dreizehn gute Jahre in diesem Sport. Dadurch konnte ich meine verschiedenen Bedürfnisse und insbesondere die meiner Lieben erfüllen. Und in dieser Zeit eignete ich mir einige wichtige Tugenden an, wie: Mut, Respekt, Ehrlichkeit, Solidarität, Ausdauer, Disziplin und Bescheidenheit. Der Fußball hat mich in vielerlei Hinsicht geprägt. Ich verdanke der Praxis dieses Gruppensports sehr viel. Durch diese Sportdisziplin habe ich im Dezember 2002, als ich in der Schweiz ankam, meine ersten Beziehungen im Kanton Freiburg aufgebaut. Für diejenigen, die diesen Kanton gut kennen, habe ich mit 36 Jahren immer noch beim Etoile Sport de Belfaux in der zweiten Liga gespielt, um meine Bindung an diesen Sport zu lindern. Ich hatte Philippe V als Trainer, einen wohlwollenden Mann, dessen Bekanntschaft mir sehr gutgetan hat. Ich hätte gerne wieder Fußball gespielt. Aber mein neuer Status als Bräutigam erlaubte es nicht mehr. Da ich aus der Elfenbeinküste kam, verbrachte meine Frau, anstatt ein normales Leben mit mir zu teilen, den größten Teil ihrer Zeit mit dem Spielen eines frühkindlichen Pädagogen, so als hätte ich keine Vorstellung davon, zu wissen, wie man lebt. So ist das Leben, wir wollen es leben, aber wir greifen sehr oft daneben. Nachdem ich meine Deutschkenntnisse verbessert und eine Ausbildung als Sprachlehrer für Erwachsene absolviert hatte, meldete ich mich freiwillig beim Schweizerischen Roten Kreuz, um Französischunterricht für Anfänger zu erteilen. Ich sah darin eine Möglichkeit für mich, anderen zu helfen und mich in meiner neuen Welt gesund um mich selbst zu kümmern. Es stimmt, ich wusste nicht viel über die Schweiz. Abgesehen davon, dass mir mein deutscher Agent Franck S und mein Übersetzer Germain Koffi, als ich noch ein aktiver Fußballer war, gesagt haben, dass ich 1996 dem Football Club Sion hätte beitreten können. Um den Vertrag abzuschließen, waren sich die beiden Parteien jedoch nicht einig. Was den Beruf des Pflegehelfers betrifft, so hatte ich ihn dank Bibi in Freiburg entdeckt. Und dann entschied ich mich sehr schnell für die besagte Ausbildung. Während ich diese Ausbildung beim Schweizerischen Roten Kreuz in Freiburg absolvierte, hatte ich die Möglichkeit, als Praktikant in einer medizinisch-sozialen Einrichtung in meiner Wohngegend entdeckt und eingestellt zu werden. So konnte ich Theorie und Praxis des Kurses im direkten Kontakt mit den Bewohnern unter der wohlwollenden Aufsicht kompetenter Krankenschwestern wie Christine M, Luzia H, Marianne R, Madeleine W und Micheline S miteinander kombinieren. Dadurch habe ich die eigentliche Bestimmung dieses Berufs verstanden. Aus diesem Grund erlaube ich mir, euch zu sagen, dass es in diesem Beruf nicht nur darum geht, die Bewohner lediglich physisch zu versorgen; sondern dass sich mit der Ausübung dieses Berufes vielmehr echte menschliche Erfahrungen verbinden. Aus diesem Grund ist es daher nicht erforderlich, Angaben zu meinem akademischen und beruflichen Hintergrund zu machen. In der Tat sollten für den Beruf des Pflegehelfers, den ich heute noch ausübe, die wahren Diplome und Zeugnisse von den Pflegebedürftigen vergeben werden, die in Wirklichkeit die wahren Arbeitgeber sind. Düdingen, Gemeinde im Bezirk Sense des Kantons Freiburg. Ich bin das erste Mal in den Bann dieses großen Dorfes geraten. Es war im Januar 2003. Dann, durch meine Heirat mit Bibi im Februar 2005, kehrte ich zurück, um meinen Wohnsitz zu beziehen. Fast zwei Jahre später, nach einer unvermeidlichen Scheidung, zögerte ich angesichts des Verlaufs der Ereignisse wirklich lange, bevor ich am 13. Februar 2010 im Rathaus von Grand-Bassam in der Elfenbeinküste „Ja" zu Diakon Ablan Agnès sagte, diesmal einem ivorischen Landsmann. Seitdem leben meine Frau und ich mit unseren beiden Jungen in Harmonie und Frieden in diesem schönen und facettenreichen Dorf. Düdingen oder Guin ist für mich jedenfalls die Hauptstadt des Kantons Freiburg. Gau nùma! Seit Februar 2006 arbeitete ich hier als Pflegehelfer bis zum Freitag, den 31. März 2017 genau um 15.15 Uhr. Das waren Tag und Uhrzeit meiner Entlassung, nachdem ich gut fünf Jahre lang von meinen Vorgesetzten mit Verleumdungen traktiert worden war. Schade für die Bewohner dieser Stiftung, die als „Ort zum Leben" gilt. Missverständnisse und Ungerechtigkeiten gegenüber meiner Frau Ablan führten zu dieser Entlassung. Für mich ist es nur ein Beweis dafür, dass die Dummheit unendlich ist. Das Leben ist hart. Und dann, wie der andere sagen würde: „Das Leben hat sich verändert". Welches ist nicht falsch? Aber meiner Meinung nach hat sich das Leben nicht so sehr verändert. Es wird immer eine Erde, einen Himmel, eine Sonne und einen Mond geben. Es wird immer Wind, Regen und Schnee geben. Es wird immer Tageslicht geben. Es wird immer dunkel sein. So hat es die Welt schon immer gegeben. Ich bin überzeugt, dass es das Verhalten des Menschen ist, das wir es sind, die grundlegend alles verändern und sich je nach unserem Existenzort und insbesondere unserem „**Ich**" weiter alles ändern. Ein kleines Wort aus drei Buchstaben, aber fest in drei Säulen verankert: Selbstsucht, Stolz und Eigenwille. Wie ein ivorischer Dekan sagte: „Große Schmerzen schweigen". Lieber Leser, du kannst dir also nicht alles vorstellen, was in den Tiefen meines Seins passiert ist. Zum Glück für mich und meine kleine Familie, dass ich hier in Düdingen, unabhängig davon, dass wir eingebürgerte Schweizer sind, auch sehr sensible Männer und Frauen kennenlernte, die mir durch Worte und Gesten ihre Unterstützung entgegenbrachten. Ich werde euch niemals vergessen. Ja, Schwester Yvette Käser, ich werde dich für immer in meinem Herzen tragen. Und besonders in den letzten fünf Dienstjahren in dieser Institution hatte ich auch eine tolle Zeit mit einigen Arbeitskollegen. Damit ich nicht vergesse, sie alle zu erwähnen, zähle ich sie gar nicht erst auf. Ich bin mir sicher, dass sie sich wiedererkennen werden. Vielen Dank für diese großartige jahrelange Zusammenarbeit. Kolleginnen und Kollegen, die mir ohne viel Aufhebens ihr Mitgefühl und vor allem ihre große Ehrlichkeit gezeigt haben und auch weiterhin zeigen. Darüber hinaus hat mir die Tatsache, dass ich immer noch Fußball spiele und als Trainer im Team des Freiburger Fußballverbands anerkannt bin, sicherlich genug positive Energie gegeben. Danke, Leute! Vor allem aber konnte ich mich immer auf die Liebe eines echten Freundes verlassen, in der Person meiner Frau Ablan. Schatz, ich liebe dich. Du bist meine Sonne. Und was für ein großes Privileg ist es für mich, dein Mann und Vater deiner beiden Jungen zu sein! Danke für deine Freundlichkeit und für deine Liebe! Du warst es, die mir trotz all dieser Prüfungen geholfen hat, mir meiner persönlichen Qualitäten bewusst zu werden. Aus tiefstem Herzen sagt mokloa als das Volk der Akan, woher du kommst. Von ganzem Herzen, assè, wie man sagt bei mir im Wê-Land. Sapperlot, ich habe euch immer noch nicht gesagt, wie ich heiße. Nun, ich bin François.

Ja, ich heiße François, bin Pflegehelfer, aber vor allem begleite ich alte Menschen am Ende ihres Lebens. Was nicht jeder weiß, ist, dass alle Betreuer unabhängig von ihren Zeugnissen oder Diplomen, nicht unbedingt auch psychologische Begleiter älterer Menschen sind. Das heißt, ich kümmere mich um alte

Menschen, die nicht nur physisch, sondern auch psychisch unter ihrem Alter leiden, indem diese viel vergessen, verwirrt und in Raum und Zeit desorientiert sind. Wir sind uns einig, dass eine Pflegedienstleiterin eine Pflegepersonaluniform anzieht, um den ganzen Tag hinter ihrem Computer zu sitzen, dann tut sie das, weil das Marketing dies erfordert. Dass Betreuer den ganzen Tag mit Arbeit verbringen, ohne eine einzige Bewohnerin anzusprechen, kann man auch verstehen, aber sicherlich mit viel größeren Schwierigkeiten. Dass eine Tagesverantwortliche mit einem Abschluss in Krankenpflege nicht weiß, wie sie Informationen über die Pflegediagnose eines gerade in ein Krankenhaus eingeführten Bewohners weitergeben soll, kann verstanden werden, ist aber sicherlich überhaupt nicht akzeptabel. Wenn eine Mitarbeiterin mit dem Abschluss Fachgesundheit sich als Absolventin der Krankenpflege betrachtet, nur weil sie gelernt hat, eine Insulininjektion und eine Blutuntersuchung durchzuführen, die sie noch nicht beherrscht, habe ich ernsthaft Schwierigkeiten, die Bedeutung des Wortes Absolvent zu verstehen. Gleichzeitig möchte ich mich bei allen Pflegekräften entschuldigen, da sie in diesen Fällen am stärksten benachteiligt sind, weil sie sehr oft unterbesetzt sind und dennoch kosten und Kosten verursachen, um die unterschiedlichen Bedürfnisse aller Pflegebedürftigen zu erfüllen. Aber diese Betreuer, wie sehr sie den alten Menschen auch nahestehen, sind oft überfordert und können oder wollen nicht auf die Bedürfnisse den ihr anvertrauten Menschen eingehen. Pflegekräfte, die, sobald sie einen Raum betreten, um einem leider an kognitiven Erkrankungen leidenden Bewohner zu helfen, kommen kurz darauf in Begleitung des Letzteren mit kaum offenen Augen, zerzausten Haaren und einem mit Deo besprühten und vielleicht verkehrt herum getragenen Pullover heraus. Und dann, liebe Leser, wenn ihr euch seine Lippen und Finger gut anseht, wisst ihr genau, was er am Abend gegessen hatte. Es ist traurig, aber es ist auch die grausame Realität alter, einsamer Menschen. Was haben diese alten Menschen getan, um ein solches Schicksal zu verdienen? Werden ihre Gewohnheiten noch respektiert? Ich verstehe es nicht. Bitte helft mir, es herauszufinden, denn ich selbst bin überzeugt, dass ich es niemals verstehen werde. Ich denke, wir sind uns hier einig! Wenn eine Pflegekraft, ob Absolvent oder nicht, Handschuhe trägt, um die Tische abzuräumen, während sie noch an denselben Tischen sitzt, warten die abhängigen Bewohner immer noch auf Unterstützung, um ihre Mahlzeiten zu essen. Das wirkt auf die alten Menschen sehr beunruhigend. Das ist eine Kategorie von Betreuern, die noch nicht verstanden hat, dass wir in einer medizinisch-sozialen Einrichtung den alten Menschen betreuen sollen, dass wir uns um ihn kümmern bis zu seinem Tod. Aber wie die meisten dieser Betreuer machen sie diesen Job nur, um zu sagen, dass sie eine bezahlte Tätigkeit haben. Wir sind uns auch hier sicher einig!

Um zu dieser Community Assistant (Fachgesundheit) zurückzukehren, so muss ich zugeben, dass ich sie in keiner Weise gutheiße. Diese Ausbildung ist wie viele andere auch leider ein Opfer des Systems, das für die Pflege der Mieter vieler medizinisch-sozialer Einrichtungen eingesetzt wurde. Es ist sogar eine finanziell sehr lukrative Quelle für die Verwaltungen geworden, die diese Einrichtungen betreuen. Das heißt, das System stellt häufig junge Menschen ein, die gerade die Ausbildung zum Pflegehelfer SRK abgeschlossen haben, und bietet ihnen sehr schnell an, der Ausbildung Fachgesundheit zu folgen. Zunächst geht es darum, die Statistik der Mitarbeiterschulungen zu verbessern und gleichzeitig vor den kantonalen Gesundheitsbehörden gut dazustehen. Also ist es auch wichtig, dass das Verwaltungssystem ihnen nach ihrer Ausbildung einen neuen Arbeitsvertrag anbietet. Als Beweis für die Änderung des Status nennen sie sie heuchlerisch „Absolventen" der Krankenpflege. Ehrlich gesagt stört und beunruhigt mich das gleichzeitig. In der Praxis erlaubt dieselbe Hierarchie dieser neuen Klasse von Absolventen nicht, Verantwortung zu übernehmen. Diese Verwaltungen selbst wissen, dass diese neue Gruppe von Pflegekräften nicht über die erforderlichen Fähigkeiten verfügt. Diese Fachgesundheit soll nichts ohne die Genehmigung einer qualifizierten Person entscheiden, die kompetent sein soll. Unter den Anweisungen derselben Beamten erfüllen diese Absolventen jedoch manchmal nur bestimmte administrative Aufgaben. Ich frage mich, zu welchem Zeitpunkt sie als Absolventen gelten und wann nicht. Warum lassen wir sie nicht das tun, was sie wirklich gelernt haben, nämlich Körperpflege, Mobilisierungsunterstützung, Unterstützung bei Mahlzeiten und Medikamenteneinnahme, Behandlung von Wunden, Herstellung von Verbänden. Wenn sie dann genug Übung und Selbstvertrauen erlangt haben, könnten ihnen andere Aufgaben übertragen werden, die andere Fähigkeiten erfordern. Liegt es daran, dass eine Pflegekraft ohne die Qualifikation als „Absolventen" wirklich nicht weiß, wie sie das Gewicht oder die Temperatur einer älteren Person kontrollieren kann? Liegt es wirklich daran, dass ein Pflegehelfer wie ich bei älteren Menschen nicht weiß, wie man künstliche Tränen einsetzt, um die Augen zu benetzen? Wäre eine Pflegekraft dazu nicht in der Lage, wenn wir ihr richtig beibringen, wie sie ihre verschiedenen Beobachtungen schriftlich formuliert? Oder geht es hier nur ums Geld? Schließlich wissen wir alle, dass eine Institution für ältere Menschen heute auch immer ein wirtschaftliches Unternehmen ist. Selbst wenn die von Sign angebotenen Dienstleistungen in der überwiegenden Mehrheit von der Pflegekraft erbracht werden, ist es oft ein Absolvent der Krankenpflege, der sie, aus Gründen, die meine zu großen Augen immer noch nicht sehen können, freigibt. Es gibt sogar Dienste, die extra geschaffen wurden, nur um von Letzteren ausgeführt zu werden. Dies ist also eine Rolle, die ein „Absolvent" Fachgesundheit in diesem gut etablierten System spielen könnte. Dies bringt natürlich ein paar Franken mehr für das Unternehmen und auf Kosten des Empfängers der Dienste, von denen dieser nicht immer profitiert. So kann sich jeder von uns ein Bild über eine der wichtigen Rollen einer Person mit einem Abschluss in Krankenpflege in einer medizinisch-sozialen Einrichtung oder einem sogenannten betreuten Wohnen machen, die als Orte zum Leben betrachtet werden. Ich gebe zu, dass es großartig ist, mit Diplomen gekrönt zu werden. Es könnte jedoch noch viel großartiger sein, über die für alle diese schriftlichen Anerkennungen erforderlichen Fähigkeiten zu verfügen. Sonst haben unsere Diplome keinen Wert. Und dann, wie in der Haltung einiger dieser Verwaltungen und ihrer berühmten Absolventen, sollte die Pflegekraft, die offiziell keine Fähigkeiten besitzt, sogar den Befehl erhalten, ihre eigene Kaffeepause oder Mittagspause einzulegen. Aber wo sind wir? Absolventen der Krankenpflege; lasst uns zusammensetzen und darüber sprechen. Oh, diese armen Mitarbeiter, die so eifrig sind! Nur aufgrund der Art und Weise, wie sie in den Pflegeabteilungen arbeiten, werden sie von den Bewohnern sehr oft missverstanden, leider aus gutem Grund. Doch ihre Präsenz und ihr Wissen könnten für sie so nützlich sein. Die Tatsache, dass ich mehr als fünfzehn Jahre in Einrichtungen für ältere Menschen gearbeitet habe, daher in enger Zusammenarbeit mit diesen Absolventen der Krankenpflege, hat unbestreitbar meine Beobachtungen zu ihren unterschiedlichen Einstellungen in der Ausübung ihres Berufs bestätigt. Es gibt Krankenschwestern, die, bevor sie in die Altenpflege kamen, nur in Krankenhäusern oder Arztpraxen gearbeitet haben. Krankenschwestern, die nicht wissen, dass sie jetzt in Einrichtungen arbeiten, in denen wir über Bewohner und nicht über Patienten sprechen. In Einrichtungen, in denen Mieter betreut werden. Diesen Krankenschwestern fällt es oft sehr schwer, ihr neues berufliches Umfeld zu realisieren und zu akzeptieren. Anstatt im wahrsten Sinne des Wortes Krankenpfleger-Absolventen zu sein und zu bleiben, werden sie mehr Absolventen in Pflegestress. Um ihr Verhalten und ihre unterschiedlichen Fähigkeiten anzupassen, ist es daher an der Zeit, sie mindestens die ersten drei Monate nach Aufnahme ihrer Tätigkeit begleiten zu lassen. Warum nicht zwei Beratungszweige von der Hochschule für Gesundheit einrichten, um diese Krankenschwestern noch besser für ihre neue Aufgabe zu schulen. Meiner Meinung nach würden wir ihnen auf diese Weise helfen, ihre Fähigkeiten als Absolventen wirklich zum Wohle älterer Menschen und ihrer Angehörigen einzusetzen. Ich bestehe darauf, dass wir uns in einer medizinisch-sozialen

Einrichtung um die Mieter kümmern. Liebe Absolventen, versteht bitte, trotz eurer theoretischen Fähigkeiten, dass Pflege und Betreuung nicht nur zwei verschiedene Begriffe sind, sondern auch zwei sehr unterschiedliche Verhaltensweisen. Macht euch keine Sorgen, liebe Absolventen, ich kann bestätigen, dass die Bewohner auch euch und eure Medikamente benötigen. Denkt bitte nur daran, dass die Einnahme von Medikamenten nicht unbedingt Priorität bei ihrer Behandlung hat. Und was peinlich ist, ist die Zeit und die Art und Weise, wie sie diese Medikamentengaben organisiert und durchgeführt werden. Ich weiß, dass ihr gewohnt seid, mit einem Timer an eurem Kittel zu arbeiten. Aber bitte stellt zuerst sicher, dass der alte Mensch etwas getrunken und etwas im Magen hat, bevor ihr ihn dazu bringt, Pillen zu schlucken, bei denen ihr euch nicht einmal die Zeit genommen habt, um die Nebenwirkungen zu kennen, die bei einer missbräuchlichen Einnahme hervorgerufen werden könnten. Natürlich verstehe ich euch. Ich verstehe euch, weil ich seit mehreren Jahren mit euch und neben euch arbeite. Ich weiß, dass ihr am Ende eurer Berufsausbildung viele theoretische Fähigkeiten erworben habt. Ich weiß, dass nach eurer Ausbildung der größte Teil eurer Arbeit darin besteht, die Entscheidungen des Arztes, eures Chefs, zu treffen. Ich verstehe euch; ihr seid nur aufgrund eures theoretischen Wissens rekrutiert. Ihr hattet kaum drei Monate nach Aufnahme eurer Arbeit Zeit und wart plötzlich ernannte Leiter von Pflegeeinheiten oder manchmal Krankenpflegebegleiter, die für die Organisation der Pflege älterer Menschen Verantwortung übernehmen müssen und verfügtet nicht über die erforderlichen Fähigkeiten. Ich verstehe euch, weil ich jetzt weiß, dass es nicht eure Schuld ist. Aus diesem Grund schlage ich allen Verwaltungen von Einrichtungen für ältere Menschen demütig vor, sich ernsthaft von den besonders sozialen Fähigkeiten all dieser Absolventen der Krankenpflege zu überzeugen, bevor sie sie endgültig einstellen und ihnen anschließend Aufgaben übertragen, die für die Pflege und Betreuung der alten Menschen so wichtig sind. Somit können die Verwaltungen die Belastung einiger dieser Absolventen erheblich verringern. Dies wird sich sehr positiv auf das Wohlbefinden der alten Menschen auswirken. Da bin ich sicher. Was euch Mitabsolventen betrifft, bitte ich euch, euren Stolz abzulegen, der oft fehl am Platz ist. Das kann sich nur positiv auf die alten Menschen und ihre Familien auswirken. Wenn ihr euch von Beginn eurer Tätigkeit an nicht gut von den Verwaltungen begleitet fühlt, die euch eingestellt haben, ermutige ich euch außerdem, gute Beziehungen zu den meisten Pflegehelfern aufzubauen. Zeigt euch als echte Kollegen und nicht als Untergebene, die keine Fähigkeiten haben und nur zu deren Diensten stehen sollen, wie ihr es seit vielen Jahren beim Arzt wart. Ich versichere euch, dass ihr von jenen Pflegekräften, die den Pflegebedürftigen grundsätzlich nahestehen, nützliche Informationen erhaltet, um die alten Menschen und deren Bedürfnisse besser zu verstehen. Es gibt Absolventen der Krankenpflege, die bereits seit vielen Jahren verschiedene Positionen in verschiedenen Einrichtungen für ältere Menschen innehatten. Krankenschwestern, die anstatt ihren positiven Erfahrungsschatz zu nutzen und zur Verfügung zu stellen, stattdessen in alle Strategien investieren, um sich auf ihren Ruhestand vorzubereiten. Das heißt, sie achten auf die Zeiger ihrer Uhr. Zu jeder Zeit delegieren sie alles unter dem Vorwand, dass sie zu viel zu tun hätten, oder aufgrund ihrer Einstellung, um zu zeigen, dass es nicht an ihnen liegt, dies oder jenes zu tun. Diese Gruppe von Absolventen verbringt zwangsläufig mehr Zeit mit der doppelten Überprüfung von Medikamenten. Diese Absolventen der Krankenpflege verbringen viel zu viel Zeit am Telefon und vor dem Computer und tun oft so, als würden sie korrigieren, was bereits geschrieben wurde, selbst von anderen Absolventen. Seid vorsichtig, da diese Pflegemitarbeiter immer allem zustimmen und gleichzeitig nicht mit allem einverstanden sind. Diese sind am Ende lediglich Spezialisten für Heuchelei. Es gibt Menschen, die gerade die Hochschule für Gesundheit abgeschlossen haben. Im Allgemeinen sind sie etwas jünger, voller Energie, voller Ideen und Begierde, etwas Gutes zu tun. Aber sie haben nur eines im Sinn: All diese vielen Theorien, die sie gelernt haben, in die Praxis umzusetzen. Darüber vergessen sie manchmal, dass es ihre Aufgabe ist, sich um ältere Menschen zu kümmern, von denen jeder seine eigenen Besonderheiten hat. Sie konzentrieren sich so auf die schnelle Umsetzung all dieses neuen Wissens, dass sie den Kontext, in dem sie arbeiten, nicht mehr berücksichtigen. Es gibt natürlich immer noch diejenigen, die wirklich über die Fähigkeiten der Abschlüsse verfügen, die sie haben. Es spielt keine Rolle, ob sie gerade erst anfangen oder bereits mehrjährige Erfahrung haben. Sie sind bereit, in vollem Umfang für diesen Beruf und für das Glück der Begünstigten dieser Dienstleistungen zu investieren. Leider werden diese engagierten Mitarbeiter sehr oft zurückgehalten, entweder von den anderen Diplomkollegen oder von der Verwaltungsleitung, die sich im Allgemeinen eindeutig mit anderen Zielen beschäftigt. Wir verstehen uns! Diese Pflegekräfte werden entweder zurücktreten, um nicht unter Stress zu geraten, oder sich zum Nachteil des Wohlbefindens der Bewohner mit der unbefriedigenden Situation abfinden, um ihr wertvolles monatliches Einkommen zu sichern. Ja, so ist das! Nach so vielen Jahren in der Schweiz merke ich, dass ich den größten Teil meines Lebens hier in diesem Kanton verbracht habe, genau in dieser Gemeinde von Düdingen; nämlich mit meiner Frau, meinen beiden Kindern und meinem Beruf als Betreuer alter Menschen. Jeder kann diesen Beruf so bezeichnen, wie er mag. In jedem Fall erfordert dieser Beruf Know-how. Auch wenn er noch immer nicht angemessen bezahlt wird, ist er ein sehr faszinierender und lohnender Beruf für diejenigen, die ihn mit Herz ausüben. Dies gilt umso mehr für mich, der bereits von Anfang an die Möglichkeit hatte und weiterhin hat, diesen Beruf gemeinsam mit Kollegen auszuüben, die ebenfalls verstanden haben, dass das Alter nur eine Phase in unserem Leben ist. Betreuer, die auch verstanden haben, dass der Mensch nicht den Menschen pflegt. Der Mensch heilt die Verletzung, den Schmerz, die Krankheit oder die Pathologie des Menschen. Aber der Mensch kann sich um den Menschen kümmern, damit der Mensch sich selbst pflegen kann. Bei einem alten Menschen ist es genauso. Ja, auch wenn die Mehrheit glaubt, dass es die Pflegekraft, die Krankenschwester, der Arzt oder sogar der außerordentliche Professor ist, der den alten Menschen behandelt. Bei all diesen Fachleuten mit ihren unterschiedlichen Ausbildungen und Titeln werden aber immer nur die Verletzungen, die Schmerzen, die Krankheiten oder die Pathologien behandelt, die den Menschen im Alter so sehr leiden lassen. Anschließend müssen wir uns aber auch um den alten Menschen in seinem sozialen Umfeld kümmern, damit er sich selbst heilen kann. Und das konnte ich von Anfang an in Düdingen mit Betreuern wie Karin B, Heidi A, Marie-Thérèse R, Bernadette J, Erika L, Simone K, Marie D, Rose-Marie J, Ljubica S, Evelyne S, Daniela A, Pia Z, Petra S erleben. Und auch heute sind noch solche motivierten Betreuer in Murten an meiner Seite: Marianne S, Fatlinda A, Simone C, Jessica S, Vjollca K, Nikoletta V, Susanne B und besonders Cristina C, die bis vor zwei Jahren Teil des Teams der Oberflächentechniker war. Cristina ist der konkrete Beweis dafür, dass man um das Alter zu verstehen und alte Menschen in seiner Wohnung zu unterstützen, nicht unbedingt einen Abschluss in Krankenpflege benötigt. Cristina C ist ein Hoffnungsschimmer und macht Mut für den Beruf der Pflegekraft in unserem Kanton.

Das Verständnis für diesen wichtigen Beruf verstärkte sich auch dank meiner Einführung in die Gineste-Marescotti-Methodik. Was für eine große Chance für mich, die Tools dieser Methodik weiterhin zu nutzen, um meine Arbeit noch besser erledigen zu können. Ältere Menschen, die ein Leben voller Geschichte und Würde haben. Das Alter gilt als großes Zeichen der Weisheit. Was für eine Ehre für mich, einen jungen Afrikaner ivorischer Herkunft, diese alten Menschen in ihrem Alltag zu begleiten. Und dann, wie Mireille Boshud in ihren verschiedenen Schulungen so gut unterrichtet und wie Yves Gineste in seinem Buch „Humanitude" schreibt: **Eine Pflegekraft ist eine Fachkraft, die sich um eine Person mit gesundheitlichen Problemen oder Problemen kümmert, um ihre Gesundheit zu erhalten oder diese Person bis zum Tod zu begleiten. Ein Fachmann, der unter keinen Umständen die**

Gesundheit dieser Person zerstören sollte. Zusätzlich zu dieser relevanten Definition der Pflegekraft hatte ich Gelegenheit, Herrn Gineste während eines Sensibilisierungskurses über die Methodik seiner eigenen Philosophie der Pflege und Unterstützung persönlich kennenzulernen. Es war der 13. September 2006 in Düdingen. Während der Pause, in der die anderen Teilnehmer beim Kaffee plauderten, war ich allein draußen und meditierte über all diese neuen Informationen, die ich gerade erhalten hatte. In diesem Moment kam Herr Gineste auf mich zu und sagte mir Folgendes: „François, aus all dem, was ich von der Oberschwester, den drei Leitern der Pflegeeinheiten und Ihrem Interesse an diesem Beruf gehört habe, ist mir bewusst geworden, was das für ein großartiger und ehrenvoller Beruf ist. Pflegekräfte wie Sie, wenn sie im Dienst sind, sind bei Pflegebedürftigen sehr gefragt. Dies kann auch zu Eifersucht, Heuchelei und sogar Bösartigkeit innerhalb des Pflegepersonals führen. Seien Sie also bewusst und stark, denn die Betreuung älterer Menschen in der heutigen Gesellschaft ist eine echte Herausforderung für Kämpfer. Nicht wegen dieser älteren Menschen, sondern wegen der neuen Welle von Pflegekräften. Und dann vergessen Sie niemals, dass Sie ein Profi sind, weil Sie bereits üben, was Sie lernen." Diese Worte hatten etwas in mir hervorgerufen, das ich nicht für mich selbst definieren konnte. Ich hatte ein sehr starkes Gefühl. Dieser Austausch von nur wenigen Minuten mit Herrn Gineste wird mir für immer in Erinnerung bleiben und als Maßstab für den Rest meines Berufslebens dienen, in diesem Fall im Bereich der Altenpflege. Wie glücklich können wir uns in Freiburg schätzen, deutsch oder französisch sprechend, Zugang zu einer solchen Ausbildung zu haben. Was für ein Privileg möchte ich jedem alten Menschen sagen, der in der Schweiz und insbesondere im Kanton Freiburg wohnt. Genau mit dieser Definition der Pflegekraft identifiziere ich mich als Pflegehelfer. Ich bin ein Profi. Was ich mache und wie ich es mache, weiß ich, weil ich es gelernt und gut verstanden habe. Mir ist daher bewusst, dass sich meine berufliche Tätigkeit in einer Dienstleitungsbeziehung entwickelt. Ich habe auch gelernt, die Regeln dieses Berufs zu beherrschen und zu arbeiten, indem ich sie respektiere. Ich weiß auch, dass ich mich um einen Menschen kümmere, der seine eigene Art zu sein und zu handeln hat. Ich bin also nicht dafür verantwortlich, dass der alte Mensch an seiner Stelle lebt. Meine Aufgabe ist es, einen günstigen Kontext zu schaffen, damit dieser sich bewegen und selbst wählen kann. Ich habe auch verstanden, dass der alte Mensch angesichts der Verschlechterung seiner Gesundheit und insbesondere der Tatsache, dass er von anderen abhängig ist, Verlegenheit, Frustration und sogar Hass empfinden kann. Der alte Mensch kann all diese Gefühle entweder durch Wut oder durch Resignation ausdrücken. Der Pflegehelfer, der ich bin, hat, effektiv sensibilisiert und geschult, all diese Ausdrücke zu erkennen, nicht mit Ablehnung zu reagieren, sondern da zu sein, um diese alten Menschen mit Wohlwollen und Professionalität zu begleiten. Bevor ich mich also um einen alten Menschen kümmere, der auch in einem verwirrten und unruhigen Alter in einer medizinisch-sozialen Einrichtung lebt, recherchiere ich auf jeden Fall vorab alle notwendigen Informationen zu seiner Biografie und seiner Pflegediagnose. Gleichzeitig versuche ich, möglichst sein gesamtes Familiennetzwerk kennenzulernen. All dies, um die Gewohnheiten und die verschiedenen Interessenschwerpunkte der Letzteren besser zu verstehen. Es ist die Berücksichtigung all dieser Elemente und Informationen, die es mir ermöglichen, meine **Kultur der Fürsorge** auf der Festplatte des Gedächtnisses des Bewohners zu durchdringen. Jedes Mal, wenn dieser mich sieht, wird er unabhängig von seiner Pathologie mich als jemanden erkennen, der zuhört, was er sagt und sieht, was er tut. Wenn ich über meine Kultur der Fürsorge spreche, beziehe ich mich zunächst auf das enorme Privileg, eine Frau und Kinder zu haben, die mir viel Zuneigung und Liebe schenken. Dann kann ich nicht anders, als auf das anzuspielen, was Rosette Poletti gesagt hat: „Pass auf dich auf, um auf den anderen aufzupassen." Das fasst meine Einstellung und mein Verhalten als Pflegehelfer sehr gut zusammen. Genau das; sprechen wir über die zweite Salve von Rosettes Reflexion. **Sich**

um den anderen zu kümmern bedeutet, dass ich dem alten Menschen genug Zeit gebe, unabhängig von seiner Geschichte, seinem Geschlecht, seiner Pathologie, seinem Handicap und was ich noch über ihn weiß, um sich an meine Gegenwart zu gewöhnen. Also zu wissen, dass ich jetzt Teil seiner Umgebung bin. Deshalb halte ich mich von Anfang an etwas zurück. Was nicht bedeutet, dass ich während meines Dienstes vermeide, Kontakt aufzunehmen, absolut nicht. Da ich in dieser Zeit seine Persönlichkeit beobachten und besonders versuchen werde, ihn kennenzulernen und zu verstehen. Mobilität, Mahlzeiten, Körperpflege, Kommunikation mit anderen Bewohnern, mit Angehörigen oder mit Betreuern zu verschiedenen Tageszeiten werden meine Aufmerksamkeit auf sich ziehen. Ich werde jedes Mal, bevor ich sein Zimmer betrete, immer auf die gleiche Weise an die Tür klopfen und mich mit meinem Vornamen ankündigen. Ich werde die Schlafzimmertür immer geschlossen halten, wenn ich mit dem Bewohner bei ihm bin. Ich werde seine intimen Körperregionen während der Körperbehandlung abdecken. Ich werde den Müll leeren und das Zimmer nach jeder Behandlung aufräumen. Ich höre genau zu, wenn er spricht. Es geht darum, ihm erste Hinweise auf meine große Rücksichtnahme auf seine Person und seine Würde zu geben.

Sich um den anderen zu kümmern bedeutet, dass ich angesichts des alten Menschen, unabhängig von seiner Position, seinem Handicap oder seiner Pathologie, den Ausdruck seines Gesichts beobachte, wenn ich als Pflegehelfer auf ihn zugehe. Wohl wissend, dass dieses Gesicht tatsächlich in seiner ganzen Nacktheit meinem Blick ausgesetzt ist. Was dieses Gesicht in seinem Status von jedem bekannten Objekt unterscheidet, ist letztlich auf seinen widersprüchlichen Charakter zurückzuführen. Das Gesicht ist ganz Schwäche und Autorität. Angesichts des alten Menschen habe ich mich so positioniert, dass ich genau hinschauen kann. Ich positioniere mich auf die Höhe seines Gesichts, um einen **horizontalen Blick** darauf zu werfen. Ich stehe vor ihm, um einen **axialen Blick** darauf zu werfen. Ich starre es ein paar Sekunden lang an, um einen **langen Blick**

darauf zu werfen. Weil ich ganz einfach davon überzeugt bin, dass wir mit unseren Augen eine Beziehung zum anderen eingehen. So wird das Gesicht zu einem unverzichtbaren Element in der Beziehung zum anderen. So werde ich dem alten Menschen bereits zeigen, dass ich nicht für ihn verantwortlich, sondern hauptsächlich da bin, um ihn zu unterstützen, seine Gesundheit zu verbessern oder zu erhalten. Wenn das alles nichts mehr hilft, auch, um ihn bis zu seinem Tod würdevoll zu begleiten.

Sich um den anderen zu kümmern bedeutet, dass ich, wenn ich mit dem alten Menschen kommuniziere, mit einer ruhigen, beruhigenden Stimme und in einem sanften Ton spreche. Ich gebe ihm Zeit zu hören und zu verstehen, was ich sage. Ich gebe ihm Zeit zu formulieren, was er sagen möchte, auch wenn das, was er sagt, manchmal nicht kohärent ist. Ich vermeide es auch, mit meinen Worten und meiner Einstellung den alten Menschen in eine Situation des Scheiterns zu versetzen. Was ihn in eine stressige Situation versetzen könnte, die zu einem Verhalten führen würde, das mir gegenüber aggressiv oder unangenehm sein könnte. **Sich um den anderen zu kümmern** bedeutet, dass ich, nachdem ich seinen Blick gefunden und ihm ein paar Worte in einem sanften und beruhigten Ton gesagt habe, den alten Menschen endlich **berühren** werde, aber auf professionelle Weise. Das heißt, die neutralen Bereiche seines Körpers zu berühren, wie meine Hand auf seine Schulter oder seinen Rücken zu legen, um ihn erneut von meiner Gegenwart zu beruhigen. Ich bin überzeugt, dass alle Arten des Sehens, Sprechens, Zuhörens und Berührens Kommunikationsmedien darstellen. Aber um all dies mit größter Professionalität umzusetzen, bemühe ich mich, sehr aufmerksam auf die Botschaft meines Körpers und meines Geistes zu achten. Das fasst meine Einstellung und mein Verhalten als Pflegehelfer sehr gut zusammen. Das bringt mich gerade zurück zur ersten Salve dessen, was Rosette gesagt hat: auf mich selbst aufzupassen. **Auf mich selbst aufzupassen** bedeutet, dass ich jeden Beginn meines Dienstes, ob morgens oder nachmittags, für das Wohlbefinden älterer Menschen und als Fachmann konsequent organisiere. Zuerst konsultiere ich den

Kardex, um alle aktuellen Informationen über alle Heimbewohner und insbesondere die mir zugewiesenen zu erhalten. Dann gehe ich durch die Räume, um mich mit der aktuellen Situation jedes Bewohners vertraut zu machen. Abschließend gehe ich auf einige Details ein, die mir sehr wichtig sind wie: Wer ist es gewohnt, früh aufzustehen? Wer kann klingeln? Wer hat Dusche oder Bad? Wer hat einen Termin? Wer ist völlig abhängig? Wer leidet an fortgeschrittenen kognitiven Störungen? Wer braucht Hilfe bei der Körperpflege, beim Ankleiden, bei den Mahlzeiten und bei der Medikamenteneinnahme? Es ist diese ganze Organisation, die es mir ermöglicht, mich mental vorzubereiten, um nicht unnötig gestresst zu werden. Außerhalb meines beruflichen Rahmens verbringe ich einen Teil meiner Zeit als Trainer mit jungen Fußballern, um mein psychisches Gleichgewicht zu halten. Diese Leidenschaft für Fußball tut mir sehr gut. Es ist meine Art, auf mich selbst aufzupassen, damit ich mich weiterhin um alte Menschen kümmern kann. Genau im Jahr 2006 zeigte Frau E, damals 85 Jahre alt, immer mehr pathologische Agitationsverhaltensweisen, wie Herr Gineste sie beschreibt. Frau E bei der Körperpflege zu helfen, war für die überwiegende Mehrheit des Pflegepersonals zu einer Tortur geworden. Einige Pflegekräfte zeigten häufig Anzeichen von körperlicher Aggression von Frau E. Nachdem ich bemerkt hatte, dass ich dieser Bewohnerin mit weniger Aufwand helfen konnte, wandte ich mich jedes Mal, wenn ich im Dienst war, an den Abteilungsleiter, um mich um sie zu kümmern. Ich kannte bereits ihre Pflegediagnose: Alzheimer-Demenz auf Stufe sechs nach der Eisberg-Skala und sprach mit dem Krankenschwesterleiter der Pflegeeinheit über die medizinische Behandlung von Frau E. Ich nutzte diese Gelegenheit, um sie an das Ziel meines Engagements zu erinnern; nämlich dieser Bewohnerin bei der täglichen Körperpflege ohne viel Aufhebens zu helfen. In drei Tagen bemerkte ich, dass Frau E jeden Morgen, an dem ich in ihr Zimmer kam, gegen die Wand gedreht wurde. Sie sah mich nicht und hörte mich daher nicht kommen, selbst als ich mich ankündigte. Ich ging um ihr Bett herum und suchte nach ihrem Gesicht und fing ihren Blick ein. Was angesichts ihrer Position in ihrem Bett etwas kompliziert war. Und wenn ich sie berührte, ohne dass sie mich sah, reagierte sie abrupt und versuchte systematisch, sich zu schützen oder sich zu verteidigen. Angesichts ihrer Reaktionen und mit Erlaubnis der verantwortlichen Krankenschwester änderte ich die Position ihres Bettes, damit sie von ihrem Bett aus jeden sehen konnte, der ihr Zimmer betrat, wenn sie wach war. Ich schlug dann vor, immer den Blick von Frau E zu beruhigen, unabhängig von ihrer Position (liegend oder sitzend), bevor ich etwas unternahm. Es wäre auch eine Möglichkeit, um ihre Genehmigung zu erbitten. Ein Versäumnis, dies zu tun, wäre ein Mangel an Respekt gegenüber der ersten Regel unseres Berufs und könnte zu einer negativen Reaktion der Betroffenen führen. Mit der Anwendung dieser ersten Regel, nämlich dem Ansehen, konnte ich bereits die Beziehungen der meisten meiner Kollegen zu Frau E verbessern, um gleichzeitig die Würde der Bewohnerin zu schützen. Jetzt findet die Körperpflege mit viel weniger oder gar keinem Aufwand und sogar mit Freude für das Team der Pflegekräfte statt. Was Frau E betrifft, so wurde sie ruhiger und konnte bis zu ihrem Tod mit weniger Stress leben.

Sechs Jahre später, also 2012, sollte einer der Mieter aus seinem Zimmer entfernt werden, weil er laut den Managern der Pflegeeinheit sehr aggressiv, provokativ und verbal gewalttätig geworden war. Er zeigte offensichtlich Wut. Also sollte dieser alte Mann aus seinem Lebensraum geworfen werden. Kurz bevor ich seine Entlassung vollstrecken sollte, bat mich eine der zuständigen Krankenschwestern einzugreifen; ich, der Pflegehelfer. Ich akzeptierte, ohne zu zögern. Nachdem ich seine Biografie und seine Pflegediagnose (Alzheimer-Demenz, Harninkontinenz) gelesen hatte, schlug ich einen Managementplan für die nächsten Tage vor. Mein Ziel war es eindeutig, dem Bewohner zu helfen, seine Würde wiederzuerlangen. Meiner Meinung nach eine Würde, die er aufgrund seiner Abhängigkeit von anderen verloren hatte. Aber ich hatte mich immer noch gefragt, ob dieser alte Mann nicht auf die vielleicht unbewusste, aber arrogante Haltung einiger Betreuer reagierte. Oder erlebte dieser alte Mann keine Situation der Einsamkeit oder Frustration, die er selbst nicht ausdrücken konnte?

Die ersten drei Tage:
Das Treffen war schwierig, sogar sehr schwierig. Ich musste sehr auf die Warnsignale einer aggressiven Reaktion achten. Dies war meiner Meinung nach eine normale Situation, da Herr A, siebenundachtzig Jahre alt, immer noch mobil und etwa vier Jahre in dieser Einrichtung, niemandem mehr vertraute. Außerdem hatte er mehrere Wochen lang sein Zimmer nicht mehr verlassen. In all diesen Jahren hatte ich auch gelernt, dass jeder Mensch seine eigenen Bedürfnisse, seine eigenen Gewohnheiten, seine eigenen Beziehungen, seine eigene Identität und seine eigene Geschichte hat. In diesen ersten Tagen versuchte ich, die Geschichte von Herrn A kennenzulernen, um sie besser zu verstehen und eine Standardisierung zu vermeiden. Was wäre ein echtes Handicap bei der Pflege? Also jedes Mal, wenn ich sein Zimmer betreten musste, klopfte ich an die Tür und gab ihm Zeit, mich zu hören und mir möglicherweise zu antworten. Wenn dies nicht der Fall wäre, würde ich mich mit meinem Vornamen anmelden. Oft war er schon wach, lag aber immer noch im Bett. Ich stellte mich an das Fußende seines Bettes, damit er mich sehen konnte. Ich sagte Hallo zu ihm, indem ich meinen Vornamen wiederholte. Jedes Mal waren sein Pyjama, seine Bettwäsche und manchmal auch der Boden nass. Ich informierte ihn dann, was ich tun würde. Ich sprach ruhig, deutlich und artikulierte langsam meine Worte. Ich stand weiterhin so, dass er von seiner Position aus alles sehen konnte, was ich tat. Im Gegenzug beobachtete ich alle seine Gesten und wartete darauf, dass er sich entschied oder mir seine Zustimmung gab. Sobald ich sah, dass er versuchte aufzustehen und damit wusste, dass er nicht alleine kommen konnte, näherte ich mich ihm und stellte mich vor ihn. Mit sanfter Stimme bot ich meine Hilfe an, bevor ich ihm langsam meine Hand entgegenstreckte. Ich würde die Gelegenheit nutzen, um ihm zu erklären, dass ich nur da war, um ihm zu helfen, und dass dies mein Job sei. Herr A sah mich an, ohne etwas zu sagen.

Am vierten Tag:

Trotz des weiterhin bestehenden Misstrauens nahm Herr A meine Anwesenheit und meine Hilfe immer mehr an. Um aus dem Bett zu kommen, streckte ich ihm die Hand aus. Er nahm sie und stand auf. Wir gingen in seinem eigenen Tempo zum Duschraum. Als er auf die Toilette gehen wollte, sagte er es mir. Ich bot ihm an, ihm beim Ausziehen zu helfen und dann draußen zu warten, um ihm Zeit zu geben, seine Bedürfnisse in Ruhe zu erfüllen. Herr A winkte mir zu, sobald er fertig war und bat mich zu kommen und ihm zu helfen. Ich gestehe, dass ich glücklich war zu fühlen, dass der alte Mann meine Authentizität bereits wahrgenommen hatte, was bedeutete, dass er mir zu vertrauen begann.

Am fünften Tag:

Nachdem ich Herrn A geholfen hatte, seinen Bart zu rasieren und ihn zu duschen, was er seit mehreren Wochen nicht genutzt hatte, bat ich ihn, seine Kleidung auszuwählen. Ich nutzte diesen guten Moment des Teilens, um mit ihm über seine Harninkontinenz zu sprechen. Ich schlug ihm vor, einen hygienischen Schutz in Form von Unterhosen zu tragen. Herr A erwiderte darauf, dass solche Höschen nur von Frauen getragen würden. Ich erklärte ihm, dass die sogenannten Damenhosen, die ich in meinen Händen hielt, nur für Männer wie ihn und mich gemacht seien. Und er ließ mich wissen, dass er weder verpflichtet sei, diese zu akzeptieren noch zu tragen. Es war nur ein Vorschlag meinerseits, ihm zu helfen, sich besser zu fühlen und gleichzeitig seine Unabhängigkeit zu bewahren. Herr A akzeptierte schließlich doch noch meinen Vorschlag. Aber nach nur drei Tagen informiert er mich über seinen Wunsch, diesen hygienischen Schutz nicht mehr zu tragen. Der Grund dafür war, dass er sich beim Gehen manchmal unwohl fühlte. Da ich meine Kollegen regelmäßig über den Fortschritt der Pflege von Herrn A informierte, konnten sie mir bestätigen, dass Herr A in diesen drei Tagen tatsächlich oft den Schutz selbst entfernt hatte. Aber jedes Mal, wenn es nass wurde. Was ich verstehen konnte, weil dieses Produkt bereist bei 60 % Nässe unangenehm zu tragen ist. Vor ein paar Jahren hatte ich es selbst erlebt, indem ich es an zwei aufeinanderfolgenden Tagen trug. Ich konnte die unterschiedlichen Reaktionen einiger älterer Menschen auf das Tragen dieser hygienischen Schutzmaßnahmen verstehen, die dennoch sehr nützlich sind. Am selben Abend nutzte ich einen Checkpoint bei Herrn A, um mich für sein Vertrauen zu bedanken und dafür, dass er die Testversion dieses Produkts trotz seines Zögerns akzeptiert hatte. Gleichzeitig informierte ich ihn, dass ich mich in der Zwischenzeit darum gekümmert hatte, dass seine Unterwäsche vor Ort in der Waschküche des Hauses gewaschen werden durfte.

Am neunten Tag:
Bis zu diesem Tag hatte Herr A seine verschiedenen Mahlzeiten immer in seinem Zimmer im Obergeschoss eingenommen. Zuerst leistete ich ihm dabei Gesellschaft, damit er gerne essen, trinken und seine Medikamente einnehmen konnte. An diesem Morgen, nach der Körperpflege, der Auswahl und dem Anlegen seiner Kleidung, spürte ich die gute Verfassung von Herrn A. Deshalb beschloss ich, einen Schritt weiterzugehen, indem ich ihm anbot, mit mir in den Speisesaal zu gehen, um zu frühstücken. Etwas zögerlich akzeptierte Herr A endlich meinen Vorschlag. Welch eine Zufriedenheit! Aber ich war sehr neugierig, wie der alte Mann auf die Anwesenheit und die Kommentare der anderen Bewohner reagierte. Zunächst standen wir beide im Aufzug. Mein kleiner alter Mann musterte sich diskret im Spiegel. Ich versäumte nicht die Gelegenheit, ihm ein kleines Kompliment zu machen: „Sie sind ein gut aussehender Mann, Herr A." Er drehte sich leicht zu mir um, sah mich verschwörerisch an, bevor er mir mit einem kleinen Lächeln antwortete: „Danke, François". Am Ausgang des Aufzugs zeigten einige meiner Kollegen und einige der anwesenden Bewohner Herrn A ihre Freude, ihn mit seinem Stock in der Hand und in meiner Gesellschaft zum Buffet gehen zu sehen. Herr A war offensichtlich glücklich, auf all ihre verschie-

denen Grüße und Komplimente zu antworten. Seitdem nahm Herr A fast alle seine Mahlzeiten im Speisesaal gemeinsam mit den anderen Mietern des Hauses ein.

Am zwölften Tag:

In Anwesenheit der Pflegeleiter und einiger Kollegen berichtete ich ausführlich über meine zehntägige Betreuung des Bewohners. Da ich wusste, dass Herr A nicht mehr systematisch pathologisches Erregungsverhalten zeigte, bestand ich auf dem reibungslosen Ablauf der Körperpflege und auf der sofortigen Anwendung der Pflegevorschriften (Look-Speech-Listen-Touch) nach der Gineste-Marescotti-Methodik. Ich schlug den Krankenschwestern auch vor, die Angehörigen von Herrn A über die neue Situation zu informieren, damit sie und wir kontinuierlich zusammenarbeiten könnten, um dessen Wohlergehen zu fördern. Schließlich durften wir nicht vergessen, dass wir Herrn A erst kannten, seit er in unsere Einrichtung kam. Die Mitglieder seiner Familie kannten ihn viel länger. Die Zusammenarbeit mit Letzteren kann für uns Pflege- und Unterstützungsfachkräfte auf der Suche nach dem besten Weg für das Wohlbefinden älterer Menschen nur positiv sein. Ich gebe zu, dass es mich mit Stolz erfüllte, Herrn A in so kurzer Zeit derart motiviert und mobilisiert zu haben, dass er nicht nur die Kündigung seines Mietvertrages vermeiden, sondern vor allem einen großen Teil seiner Würde wiedergewinnen konnte. Ich, der kleine Pflegehelfer, ohne Abschluss in Krankenpflege, aber offensichtlich mit vielen anderen Fähigkeiten. An diesem Tag wollte ich mit meinen Vorgesetzten sprechen, aber leider kam es nicht dazu. Schade, denn ich wollte diese Gelegenheit nutzen, um einige meiner Beobachtungen mit ihnen zu teilen. Nach etwa drei Wochen teilten mir dieselben Vorgesetzten indirekt mit, dass sie meine Beobachtungen und Vorschläge nicht mehr unter dem Vorwand hören wollten, dass ich nicht die Qualifikation eines Absolventen der Pflege besitze, um ihnen Ideen vorzuschlagen. Da ich den Pflegebedürftigen sehr nahe war, wollte ich sie lediglich auf bestimmte Aspekte des Geschehens aufmerksam machen, damit wir gemeinsam Lösungen finden könnten, um das Wohlergehen der Bewohner zu verbessern und gleichzeitig das Image unseres Arbeitgebers zu schützen. Es ist bedauerlich, dass Kommunikationskurse, obwohl sie für alle Pflegekräfte verpflichtend sind, nur theoretisch sind. Jetzt kann ich die Gelegenheit nutzen, die mir die Tastatur meines alten Computers bietet, um endlich meine Gedanken auszudrücken, ohne mir Sorgen machen zu müssen, dass ich nicht gehört oder dass ich missverstanden werde. Wisst ihr, wenn wir sie nicht hören, hören wir ihnen nicht zu, also verstehen wir sie auch nicht. Deshalb hoffe ich, auch wenn es sehr schwierig, wenn nicht unmöglich ist, jemanden zu wecken, der so tut, als würde er schlafen. Ich zeige weiterhin, dass die Kultur der Fürsorge auch Hören-Zuhören-Verstehen bedeutet. Das heißt, wenn ich einen Ruf von einem Bewohner höre, gehe ich zu ihm, um zu hören, was er sagt, um die Bedeutung seiner Worte zu erfassen. Also, nach fünfzehn Jahren in diesem Beruf kann ich ohne zu zögern sagen, dass es hauptsächlich die effektive Umsetzung dessen ist, was wir beim Roten Kreuz während der Ausbildung zum Pflegehelfer/in oder Fachgesundheit oder die Krankenschwestern an der Hochschule für Gesundheit gelernt haben, das es uns ermöglicht, uns wirklich um die Mieter der Institutionen für ältere Menschen zu kümmern. Daher sind die **Organisation**, die **Kommunikation** und die **Kultur der Fürsorge** für mich sehr wichtige Elemente, um diesen Beruf der Pflegekraft mit mehr Professionalität und weniger Routine auszuüben. Es ist daher dringend erforderlich, die Mentalität aller, die in der „Fürsorge" alter Menschen arbeiten, radikal zu ändern, da heutzutage die meisten älteren Menschen, die in eine medizinisch-soziale Einrichtung ziehen, leider an Gedächtnis- und/oder Verhaltensstörungen leiden. Leider behaupten immer noch einige Manager der Pflegeabteilungen mit Überzeugung, dass Betreuung das Geschäft der Familien ist und nicht das des Pflegepersonals. In allen offiziellen Dokumenten dieser Institutionen steht jedoch immer noch „Pflege und Betreuung". In der Zwischenzeit äußern andere Leiter der Pflegeeinheiten weiterhin laut und deutlich, dass Unterstützung ein wesentlicher Bestandteil der Arbeit der Pflegekraft in einer medizinisch-sozialen Einrichtung ist. Ich bestätige mit Überzeugung, dass Begleitung nicht nur ein Wort ist, sondern eine Verhaltensweise. Deshalb begleite ich den älteren Menschen, wann immer ich die Gelegenheit dazu habe, mit Respekt, Zärtlichkeit, Empathie und Geduld. Unter keinen Umständen sollte eine Pflegekraft die Gesundheit des alten Menschen zerstören. Eine Pflegekraft muss professionell bleiben, das heißt sich seiner Gesten und Handlungen immer bewusst sein. Um seine Entscheidungen jederzeit erklären zu können und zu sagen, warum er sie genau in diesem Moment getroffen hat. Weil seine Aufgabe ganz einfach darin besteht, ein Wesen zu begleiten, das trotz Alter und manchmal Krankheit oder Pathologie ein Mensch bleibt. Deshalb habe ich oft Probleme, das Verhalten einiger meiner Betreuerkollegen zu verstehen. Aber ehrlich gefragt, ist das Alter wirklich zu einer Krankheit geworden? Wenn die Antwort Ja lautet, sind wir alle dazu verdammt, mindestens einmal krank zu sein, wenn wir das Alter dieser älteren Menschen erreichen. Wenn die Antwort Nein lautet, warum behandeln wir diese älteren Menschen dann so? Was wäre, wenn das Alter wirklich nur als Meilenstein in unserem Leben gesehen und verstanden würde? Hier kommt eine Krankenschwester in das Zimmer eines Bewohners, der geklingelt hat. Die Krankenschwester nutzt die Gelegenheit, ihm seine abendlichen Medikamente zu bringen. Sie kommt etwa fünf Minuten später heraus und bittet mich, ihm beim Ausziehen seiner medizinischen Strümpfe zu helfen, weil es ihrer Meinung nach die Aufgabe eines Assistenten ist. Doch die Bewohnerin macht alles andere selbst. Zieh ihr einfach die Medizinstrümpfe aus. Für diesen Service muss diese Bewohnerin nicht nur warten, sondern muss auch den Durchgang von zwei Betreuern akzeptieren. Noch heute frage ich mich, ob die Unterstützung einer Bewohnerin bei der Entfernung ihrer Stützstrümpfe dazu führen könnte, dass diese Krankenschwester ihren außergewöhnlichen Titel als Krankenpflege-Absolventin verlieren, oder ob sie eine Kürzung ihres Gehalts oder sogar den Verlust ihres Arbeitsplatzes riskieren würde. Ich weiß es nicht und ich werde es vielleicht nie erfahren. Ein anderes Mal ist es eine Pflegerin, die eine Bewohnerin warten lässt, die dringend Hilfe beim Toilettengang benötigt, unter dem Vorwand, dass es nicht ihre Aufgabe ist, dieser Bewohnerin zu helfen. Mangelnder beruflicher Wille oder professionelles Gewissen? Ich weiß es nicht, nein schon wieder, ich weiß es wirklich nicht. Kurz gesagt! Lass jeden sich seine eigenen Gedanken machen. Aber ich denke und glaube sogar, dass es eher ein Mangel an Wissen und Verständnis für diesen Beruf ist, den wir freiwillig oder unfreiwillig zur Ausübung gewählt haben. Ich schlage allen Managern von Institutionen für ältere Menschen demütig vor, alle ihre Mitarbeiter in der Pflege an mindestens einem Tag in die als Humanitude bekannte Gineste-Marescotti-Methodik mit der Struktur MB-Conseils Project Formation Sàrl einzuführen. Es wäre eine sehr solide Grundlage für die Ausübung dieses großartigen Berufs. Das wünsche ich mir für all diejenigen, die diesen Job noch gerne machen. Es ist nicht nur eine der wenigen vollständigsten Methoden, sondern vor allem eine, die ohne Hindernisse die tägliche Realität des Lebens der alten Menschen berührt. Es ist eine Philosophie, die mehr in der Praxis als in der Theorie existiert. Mit anderen Worten, die alten Menschen werden sich wie zu Hause fühlen und nicht wie an einem Lebensort, an dem sie auf den Tod warten. Ich sage nicht, dass man als Pflegekraft alles für die Bewohner tun muss. Nein, nein, versteht mich nicht falsch. Was ich sage ist, dass eine Pflegekraft alles tun muss, wofür sie vom Bewohner bezahlt wird. Wenn eine Krankenschwester, qualifizierte Krankenschwester und Leiterin einer Pflegeeinheit in einer medizinisch-sozialen Einrichtung denkt, sie sei Ärztin, wie es leider in den letzten Jahren in immer mehr Einrichtungen der Fall ist, kann dies für alle Pflegehelfer schmerzhaft sein, die mit Letzteren arbeiten müssen. Und was ist mit einigen Kollegen von der Fachgesundheit? Wenn ihnen die Verantwortung für den Tag oder die Nacht übertragen wird, wenn sie nicht über die erforderlichen Fähigkeiten verfügen, können sie schnell in eine stressige Situation geraten. Eine der Folgen dieser unangenehmen Situation kann die falsche Verabreichung von Medikamenten an die Bewohner mit fatalen Folgen sein. Aber im Grunde sind die wahren Schuldigen genau die Menschen, die diese Art von Verantwortung diesen Community Assistants vertrauen. Es ist auch kompliziert, sogar sehr kompliziert für Pflegebedürftige, wenn eine Pflegekraft mit einer Qualifikation als Helfer oder Assistant die Pflege eines älteren Menschen sehr oft mit der Erziehung eines Kindes verwechselt. Es ist daher wichtig, dass wir Pfleger als Team zusammenarbeiten und nie vergessen, dass die uns anvertrauten Menschen hohe Geldsummen zahlen für unsere Dienstleistung. In jedem Fall sind wir für die Pflegebedürftigen alle Mitarbeiter in derselben Funktion und stehen ihnen zur Verfügung. Deshalb sollten wir wissen, dass, wenn einer von ihnen klingelt, er Hilfe braucht. Dann reicht es nicht, in sein Zimmer zu eilen, nur um ihm zu sagen, er solle warten. Selbst wenn sie mit einem extravaganten Lächeln vor dem Bewohner erscheinen, das ihre Heuchelei nicht verbirgt, wird dieser dennoch wissen, dass sie nur deshalb schnell auf seinen Ruf reagiert haben, nur um die Glocke zu stoppen. Und dann haben wir noch die Statistik! Eines der Hauptanliegen dieser neuen Pflegemanager. Denken wir nur daran, dass sich die Bewohner der Pflegeheime nicht täuschen lassen. Auch wenn wir glauben, dass wir es besser wissen als die Menschen, die alle lange vor uns geboren wurden. Was wäre, wenn wir über „nicht angemeldete Arbeit" sprechen würden, um den Ausdruck von Herrn Gineste zu benutzen. Auch wenn es nicht direkt bezahlt wird und warum sollte es so sein? Für mich ermöglicht „nicht angemeldete Arbeit", die Ausübung unseres Berufs zu erleichtern, vor allem aber die menschliche und soziale Seite dieses schönen Berufs zu erhalten. Hier erzählte mir eine ehemalige Krankenschwesterleiterin einer Pflegeeinheit auch nach mehreren Jahren im Ruhestand eine ihrer Szenen der „nicht angemeldeten Arbeit" mit vielen Emotionen: „Ich habe Frau F in ihrem Zimmer gefunden. Wie immer saß sie auf ihrem Stuhl am Fenster, diesmal jedoch mit geschlossenen Augen. Ich ging auf sie zu und fragte sie mit ruhiger Stimme, worüber sie sich Sorgen mache. Nach einem kurzen Moment des Schweigens erzählte sie mir von ihrer Traurigkeit. Ihre Wolldecke, die sie vor Jahren selbst gestrickt hatte, war beschädigt und sollte aussortiert werden. Ich fühlte den besonderen Bezug, den sie zu dieser Decke hatte. Aber in diesem Moment musste ich als Verantwortliche des Tages noch andere Aufgaben erledigen. Also habe ich es mir einfach nur angehört. Wenig später ging ich zu Frau F, um ihr anzubieten, ihre Decke zu mir zu bringen, um zu versuchen, sie zu reparieren. Sie stimmte zu. Ich nutzte meinen freien Tag und etwa fünfzehn Minuten für die Reparatur von der Decke von Frau F. Am nächsten Tag, als ich ihre reparierte Decke zurückbrachte, war sie so glücklich, dass sie ohne Hilfe aufstand und ein paar Schritte in ihrem Zimmer ging. Und dann erzählte sie allen um sich herum von ihrem Glück. Ich habe es niemandem erzählt. Aber ich war sehr stolz darauf, meinen Job gemacht zu haben, obwohl er außerhalb meiner offiziellen Arbeitszeiten lag. Schließlich besteht meine Aufgabe als Pflegekraft, auch mit einem Abschluss in Krankenpflege, darin, den Bewohnern Freude zu bereiten." Diese Geschichte hat mich sehr berührt. Als Pflegehelfer kenne ich auch „Schwarzarbeit" in der Pflege. Ich weiß auch, dass sie für das Wohlergehen der Bewohner medizinischer und sozialer Einrichtungen von großer Bedeutung ist. Ich weiß nicht mehr, wie oft ich auf „nicht angemeldete Arbeit" zurückgegriffen habe, um den alten Menschen zu helfen, ihr psychisches Gleichgewicht zu halten und das Leben trotz der Plagen des Alters weiter zu genießen. Ich gebe stolz zu, dass auch ich einige großartige Erfahrungen mit „nicht angemeldeter Arbeit" gemacht habe. Der alte Mensch und ich haben diese Momente des Teilens sehr genossen und genießen sie immer noch. Um eine klare Vorstellung davon zu geben, was ich im Bereich der Begleitung des alten Menschen als „nicht angemeldete Arbeit" bezeichne, finden Sie hier einige Beispiele:

- etwas länger bei einem Bewohner bleiben, um seine trüben Gedanken zu verscheuchen
- ein kurzer Spaziergang mit einem Bewohner, der dies wünscht, auch zu einer Zeit, die von der Einrichtung nicht vorhergesehen ist
- die Nägel eines Bewohners, der danach fragt, schneiden, auch wenn es nicht sein Dusch- oder Badetag ist
- die Beine und Füße eines Bewohners mit Wasser oder Körperlotion massieren nach dem Ausziehen der medizinischen Strümpfe
- am Wochenende einen Bewohner duschen oder baden. Und so weiter …

Ich habe nie verstanden, warum in den Pflegeheimen oft nicht empfohlen wird, am Wochenende zu duschen, wenn in diesen Tagen die Mehrheit der Bewohner von einem geliebten Menschen besucht wird. Vielleicht ist fließendes Wasser am Wochenende teurer. Ich weiß es ehrlich gesagt nicht. Es scheint jedoch, dass das Wochenende besser für das Pflegepersonal bezahlt wird. Es gibt viele andere Dinge, die ich nicht verstehe und die ich vielleicht nie verstehen werde. In der Zwischenzeit kümmere ich mich, so schnell ich kann, mit Geduld und Nachdruck um den alten Menschen. Empathie bedeutet, dass ich immer zuerst versuche, meine eigenen Emotionen zu erkennen. Dadurch kann ich die des alten Menschen besser wahrnehmen. Für mich ist **Zeit** eine der wichtigsten Dinge für das Wohlergehen der mir anvertrauten Menschen. Und wie mir Stefan P, über 90 Jahre alt, in einem unserer interessanten Gespräche so weise sagte: „Die Zeit, die wir nicht miteinander teilen, ist verschwendete Zeit." Denn besonders für ältere Menschen ist Zeit das, was ihr Wohlbefinden, ihre Gesundheit und sogar ihre Existenz bestimmt. Und doch beschweren sich viele Pflegekräfte immer häufiger darüber, dass sie keine Zeit haben. In der Tat hat niemand ausreichend Zeit, aber jeder kann sich die Zeit nach Belieben und zu jeder Zeit nehmen. Es ist alles nur eine Frage der Organisation und Kommunikation. Deshalb nehme ich mich bei der Ausübung meines Berufs nicht zu ernst und stelle den zu betreuenden Bewohner in den Vordergrund. Denn leider werden heutzutage medizinisch-soziale Einrichtungen durch ihre Arbeitsweise unter stetig zunehmenden Zeitdruck immer mehr in Krankenhäuser umgewandelt. Deshalb möchte ich Pflegehelfer bleiben, um dem alten Menschen weiterhin sehr nahe sein zu können. Ich möchte nicht nur Medikamente verteilen oder vor einem Computer sitzen und alles aufschreiben, was ich nicht gesehen, gehört, zugehört und nicht verstanden habe. Unglaublich, was das für eine Zeitverschwendung ist. Und außerdem stimmt es, dass ich noch kein Absolvent der Krankenpflege bin, aber ich bin ein Profi. Ich habe gelernt, dem alten Menschen sehr nah zu sein und ihn zu verstehen. Daher handele ich ausschließlich für das Wohl der mir anvertrauten Menschen. Ich benutze nur die Werkzeuge, die es mir ermöglichen, den Bewohnern mit Respekt und Zärtlichkeit zu helfen und sie zu betreuen. Ich begleite sie und berücksichtige dabei immer ihre Gewohnheiten und Emotionen. Die Einhaltung der Regeln für die Ausübung meines Berufs ist wichtig, damit der Mensch auch im Alter in Würde weiterleben kann.

Die Jugend weiß, dass das Alter kommen wird. Die Jugend weiß auch, dass das Alter unter mangelnder Zuneigung leidet. In einer ethnischen Gruppe in der Elfenbeinküste bedeutet Kôrô Ältester, würdiger Mann, ehrlicher Mann, Mann des Wortes, Mann des Wissens, Weiser Mann. Also du, meine lebende Bibliothek. Du, der mich trotz meines Akzents als einen seiner eigenen akzeptiert hat. Du, der mir spontan vertraut hat, ohne die Form und den Ausdruck meines Gesichts zu berücksichtigen. Du hast mir genug Zeit gegeben, dich kennenzulernen. Du hast mir genug Hinweise gegeben, um dich besser zu kennen und dich zu verstehen. Du, der mir die Mentalität und Kultur der Staatsangehörigen der Bezirke Sense und See erklärt hat. Du, der mich ständig vor der Eifersucht und Heuchelei bestimmter Personen geschützt hat. Du, der ein wenig Sonnenschein in mein tägliches Leben gebracht hat, um meine Integration in das Leben hier zu erleichtern.

Du, der mir am Ende Folgendes gesagt hat: „Wahre Religion ist dein Job. Der allmächtige Gott ist die Frucht deiner Arbeit. Vertrauen wird immer seltener, weil es nach allen Kriterien verdient werden muss. Freundschaft endet, wenn sie existiert, normalerweise sehr oft dort, wo die Sorgen des einen oder anderen beginnen. Sei also vorsichtig, sonst wirst du als Profiteur bezeichnet, oder du wirst ausgenutzt." So sagte meine Schwiegermutter Gnanda zu Lebzeiten zu ihrem Ehemann Assandé: „Wenn du eine Person triffst, schaust du nicht zuerst auf seine Größe, sondern auf sein Gesicht. Sonst wirst du eines Tages durch das Verhalten des Letzteren unterdrückt werden." Trotz der Trennung, die uns in „meiner" Hauptstadt des Kantons Freiburg zu Unrecht auferlegt wurde, und des dadurch verursachten Leidens liegt es an dir, Kôrô von meiner Wohngemeinde, wer dem Dekubitus durch die lebenslange Haft in seinem Rollstuhl oder in seinem Einzelbett ausgeliefert ist. Du bist es also, den ich besonders ansprechen möchte. Ich unternehme diesen Schritt, um dir meine Dankbarkeit für deine Aufrichtigkeit gegenüber meiner bescheidenen Person in all diesen vielen Jahren zu zeigen. Du, der sogar so weit gegangen ist, meine Aufmerksamkeit auf die falsche Bescheidenheit einiger Leute zu lenken, die meinen großen Augen bescheiden erscheinen mögen. Ich danke dir, Kôrô. Vielleicht hast du auf mich gewartet und ich habe es nicht bemerkt oder vergessen. Vielleicht hast du mich gerufen und ich habe es nicht gehört. Vielleicht hast du mit mir gesprochen und ich habe nicht zugehört. Ich habe dich sicherlich oft enttäuscht. Es ist möglich. Eines ist jedoch sicher: Ich werde meinem Verständnis von diesem Beruf treu bleiben und niemals meine Arbeitsweise ändern, vielmehr werde ich versuchen, sie zu verbessern, damit die mir anvertrauten Menschen weiterhin ihre Würde bewahren können. Ich weiß auch, dass einige meiner Kollegen immer noch glauben, dass die Art und Weise, wie ich mich den alten Menschen nähere, sie sehe, mit ihnen spreche, ihnen zuhöre und sie berühre, die Wirkung von Magie ist. Aber kann das möglich sein? Für mich ist diese Annahme nur der Beweis für mangelndes Wissen und Verständnis dieser Menschen von ihrem Beruf. Natürlich mache ich Magie. Was sonst? Es ist unmöglich, Westafrikaner zu sein und nicht zu zaubern. Nur in meinem Fall habe ich in der Schweiz mehrere Jahre lang diese menschlich gute Magie namens „**sensorische Erfassung**" gelernt und lerne sie weiterhin. Ein großartiges Arbeitsgerät für jede Pflegekraft, die in der Pflege älterer Menschen mit Gedächtnis-und Verhaltensstörungen tätig ist. Mireille Boshud und ihre Ausbildungsstruktur bringt dir gerne die Praxis dieser wirklich außergewöhnlichen Magie bei. Was mich betrifft, werde ich trotz allem und wo auch immer ich den alten Menschen begleiten soll, ihn unabhängig von seinem Gesundheitszustand und seinem sozialen Rang sowie immer unter Berücksichtigung seiner Würde begleiten. Ein Mensch ohne Würde ist wie ein Baum ohne Wurzeln. Ja, jeder Mensch hat eine Würde, die er schätzt und wertschätzen sollte. Zusammenfassend lässt sich sagen, dass das, was andere Magie nennen, nur meine Art ist, mich auf meinen Mitmenschen einzulassen, in diesem Fall den alten Menschen. Und ich bin nicht der Einzige, der diese Magie einsetzt, so einfach, aber sozial sehr effektiv. In der Tat wende ich mich mit viel Aufrichtigkeit, Emotionen und Respekt an dich, Kôrô. Ich mache es zuerst, weil du es warst, alter Mann, der mit der Kraft deiner Arme und bloßen Händen dieses Land aufgebaut hat, manchmal unter Einsatz deiner eigenen Gesundheit. Dann ist es dir zu verdanken, dass es anderen gelingt, ihre Familien zu unterstützen. Ich bestehe darauf, ich bestehe darauf und unterschreibe, dass du mein echter Arbeitgeber bist. Was sicherlich einige Leute zum Lachen bringen würde. Davon bin ich überzeugt. Aber ganz genau, wer ist die Finanzierungsquelle für unser Einkommen? Natürlich jeder, der in diesem Bereich arbeitet. Durch deine Anwesenheit ermöglichst du mehreren Menschen, zu leben. Ob wir mit dir oder neben dir in Uniform sind, wir sind alle deine Mitarbeiter. Es geschieht immer durch dich, dass wir bezahlt werden. Es ist diese Erfahrung, die du zu einer lebendigen Bibliothek machst, die allen offensteht. Lebst du also weiterhin so, wie du es immer getan hast, auch wenn es manchmal nicht einfach ist, in eine medizinisch-soziale Einrichtung zu wechseln. Auch wenn Alter heutzutage gleichbedeutend mit Rücksichtsverlust ist, ganz zu schweigen von Würde. Welch eine Undankbarkeit! Lass mich dich an eine Sache erinnern. Du ziehst nicht an diesen Ort, um zu sterben, sondern um weiterzuleben. Diese Einrichtungen sind Wohnorte und nicht Orte für Todesfälle. Über den Tod entscheiden nicht du und ich. Ich spreche mit dir als einem deiner Mitarbeiter, der sehr oft bei dir ist und der die Bedeutung seiner Arbeit klar verstanden hat, nämlich um dich bei der Durchführung der täglichen Aktivitäten deines Lebens zu unterstützen und dir keine Erziehung zu geben. Beruhige dich, Kôrô, ich werde dem Druck dieser Verwaltungen nicht nachgeben.

Wenn es um dich geht, werde ich immer da sein, um dich mit Respekt, aber auch mit ein wenig Humor zu erreichen und dich bei deinen Entscheidungen zu begleiten. Trotz allem ist es immer noch dein Wohlbefinden, das mich beschäftigt und mich auch motiviert, diesen schönen Job zu machen, das heißt mich um dich zu kümmern. Ich höre oft, dass ältere Menschen in Afrika besser versorgt werden, weil sie alle bis zum Tod in ihren Familien leben. Erlaubt mir diesbezüglich, Euch und Euren Lieben Folgendes anzuvertrauen. Es stimmt, dass die Mehrheit der alten Menschen, zumindest an der Elfenbeinküste, in ihren jeweiligen Familien lebt. Aber das liegt daran, dass es in diesem Land derzeit keine Institution für ältere Menschen gibt. Und dann bedeutet das Zusammenleben mit ihrer Familie und ihren Lieben nicht, dass sie sich wirklich um sie kümmern. Wir stimmen zu oder besser gesagt wir verstehen uns. Wenn ihr etwas Zeit habt, nehmt es mit, damit ich euch die Geschichte meiner Großmutter, der Mutter meiner Stiefmutter, erzähle. Fragt mich nicht nach dem Jahr ihrer Geburt, geschweige denn nach ihrem subjektiven Urteil. Das weiß ich nicht. Trotzdem schätze ich, dass sie über neunzig Jahre alt war, als sie starb. Sie lebte bei dem ältesten ihrer Kinder. Er ist Geschäftsführer eines internationalen Unternehmens mit Sitz in Abidjan, der wirtschaftlichen Hauptstadt meines Herkunftslandes. Er ist ein kluger Manager, der gut bezahlt wird. Aber genau wie andere Familienmitglieder, erkannte er nicht die Gründe für die schlechte Gesundheit und insbesondere die zunehmend sichtbaren Gedächtnis- und emotionalen Störungen der eigenen Mutter. Er zog es vor, sie als undankbar, böse und schließlich als Hexe zu verurteilen. Also entschied er sich, sie abzulehnen. Was bedeutete, dass er sie nicht mehr als die Mutter anerkannte, die ihm das Leben schenkte. Er erkannte sie nicht mehr als einen Menschen, wie er selbst einer ist. Es ist traurig, aber so ist es. Ah Afrika, mein Afrika, ich dachte, dass es in Afrika anders wäre. Tatsächlich sprach sie allein und laut und sprach manchmal mit Menschen, die nicht mehr auf dieser Welt leben. Sie erkannte ihre eigenen Kinder und andere Mitglieder ihrer Familie nicht mehr. Manchmal antwortete sie nicht, als wir sie „Maman" oder Madame mit Nachname nannten, selbst wenn wir neben ihr standen. Aber vielleicht war sie in diesem Moment in die Zeit ihres Lebens eingetaucht, als sie noch keine Mutter war und nicht „Madame" genannt wurde. Sie aß nicht mehr richtig, als ihr wie gewohnt ihre Mahlzeiten serviert wurden. Aber vielleicht wusste sie nicht einmal, dass ein Essen vor ihr stand. Sie sah Leute an, ohne sie zu sehen. Sie hatte Angst, als man sie außerhalb ihres Sichtfeldes berührte. Dort könnte sie sogar eine plötzliche Verteidigungsgeste gezeigt haben, die als aggressiv bezeichnet werden konnte. Sie konnte mehrere Stunden sitzen, ohne mit jemandem zu sprechen. Aber mit wem sollte sie auch sprechen, wenn niemand mit ihr sprach? Und dann lebte ihre Erinnerung vielleicht gerade in der Realität ihrer Vergangenheit. Angesichts all dessen war meine Großmutter, obwohl sie bei ihrer Familie lebte, dennoch oft allein in ihrem Zimmer. Manchmal ohne einmal Tageslicht zu sehen. Sie verbrachte auch Stunden damit, ohne dass jemand sie ansah, ohne dass jemand mit ihr sprach, ohne dass jemand sie liebevoll berührte. Nur um ihr etwas zu trinken oder zu essen zu bringen. Und manchmal, um sie zu waschen. Das Leben in einer medizinisch-sozialen Einrichtung ist also nicht unbedingt das Schlimmste. Nur, und hier stimme ich euch voll und ganz zu, müssen diejenigen, die die Pflege organisieren, ihre Philosophie radikal ändern. Sie sollten die Art und Weise, wie wir mit den alten Menschen umgehen, sofort überdenken. Diese Führungskräfte sollten bei allem, was sie für die zu betreuenden Menschen tun, unbedingt die „Kultur der Fürsorge" nicht vergessen. Und warum beispielsweise nicht die Viertagewoche für alle Pflegekräfte einführen? Dies würde es den Sozialarbeitern ermöglichen, zumindest ein normales Privatleben zu führen. Letztere würden ihren Beruf dann mit noch größerer Freude ausüben. So könnt ihr, die Angehörigen, vielleicht auch für das gesamte Pflegepersonal eine sehr wichtige Rolle spielen. Ihr, die ihr mich durch eure Lieben gekannt und akzeptiert habt. Ihr, die mir jedes Mal, wenn ihr mich getroffen habt, sehr oft euer Mitgefühl gezeigt habt, auch außerhalb meines beruflichen Rahmens. Ihr, die ihr mich in meinen sehr schwierigen Zeiten angesichts dieser korrupten Gläubigen der Ungerechtigkeit unterstützt habt. Trotz eurer verschiedenen Berufe ermutige ich euch, weiterhin eure Lieben zu besuchen. Besser noch, ich ermutige euch, immer mehr Aufmerksamkeit auf die Bewahrung des Wohlbefindens eurer Lieben in diesen Institutionen zu richten. Wenn nicht, befürwortet ihr, ohne es zu wollen, die Umwandlung von Heimen in Krankenhäuser. Aber Heime sind an erster Stelle dafür da, um sich um deren Bewohner zu kümmern. Während in einem Krankenhaus die Schmerzen des Patienten zuerst behandelt werden. Ich bitte euch, eure Lieben nicht den Händen dieser Verwaltungen und ihrer Absolventen der Krankenpflege zu überlassen. Selbst eure kurzen Besuche bei euren Angehörigen sind von großer Wichtigkeit, und es ist auch das, was die alten Menschen am meisten brauchen, um sich an ihrem neuen und letzten Wohnort wohlzufühlen. Wartet also bitte nicht, bis meine „Kôrô" darauf aus sind, deine Besuche zu vervielfachen. Wie mein Vorfahre Kédjebo sagte: „Sterben ist sehr einfach und schnell, aber es ist der Weg, der zum Tod führt, der oft lang und schmerzhaft sein kann." In diesem Fall kann es zu einer Tortur für das gesamte Gefolge werden, einschließlich mir, dem Pflegehelfer. Und nachdem ich all die Jahre mit alten Menschen verbracht habe, ermutige ich euch, sie dabei zu unterstützen, den Kontakt zu ihrem Bekanntennetzwerk aufrechtzuerhalten. Es ist ein wichtiges Element für ihre Entwicklung. Auf diese Weise werden sie auch ihre Autonomie und Unabhängigkeit in dieser immer künstlicher gewordenen Welt bewahren. Nun, die Tastatur meines alten Computers ist immer noch aktiv, also möchte ich diese Gelegenheit nutzen, um euch etwas zu sagen, das mir sehr am Herzen liegt. Ich kann nicht anders, als mit euch darüber zu sprechen. Während meiner fünfzehnjährigen Tätigkeit erlebte ich mehrere Ein- und Ausstiege von älteren Menschen in Wolfacker und in Résidence Beaulieu. Sie alle unterscheiden sich je nach Familie. Es ist besonders oft die Art und Weise, wie alte Menschen diese Institutionen betreten, die mich heute verpflichtet, mich an euch zu wenden. Als Pflegehelfer musste ich mehrmals zwischen den alten Menschen und ihren Angehörigen bezüglich ihres Eintritts in die Einrichtung eingreifen. Ich bitte euch, den alten Menschen niemals in eine medizinisch-soziale Einrichtung zu bringen, ohne ihn weit im Voraus darauf vorbereitet zu haben. Das Schlimmste, was Letzterem passieren kann, ist, dass er nach einem langen oder kurzen Krankenhausaufenthalt direkt in eine medizinisch-soziale Einrichtung verlegt wird. Selbst wenn er sein ganzes Leben lang ein sehr freundliches Elternteil war, egal ob er unter Gedächtnisproblemen oder einer einfachen körperlichen Behinderung leidet, garantiere ich euch, dass die Mehrheit der alten Menschen Wut zeigen wird. Das kann sogar dazu führen, ihren Aufenthalt an ihrem Empfangsort zu boykottieren. Zum Beispiel, wenn sie sich weigern, richtig zu essen, die Körperpflege ablehnen, ihr Zimmer nicht mehr verlassen und sich weigern, mit anderen zusammen zu sein. Und es kann mehrere Wochen, Monate oder sogar Jahre dauern. Am Ende werden einige qualifizierte Betreuer von Absolventen der Krankenpflege die Situation nutzen, um die Arzneimittelversorgung zu ändern. Ein Beispiel: Ein Bewohner wird gegen 19.00 Uhr zum Schlafen gelegt. Er wacht gegen 01.00 Uhr morgens auf und kann nicht mehr einschlafen. Vielleicht hat er Durst oder Hunger. Vielleicht braucht er Licht oder Zuspruch. Vielleicht hat er einfach genug geschlafen. Wehe ihm, wenn er die Glocke drückt, nachdem die Nachtkrankenschwester bereits gekommen ist, um ihre Runde zu machen. Abhängig von der Stimmung der Krankenschwester oder der Höhe der vom Arzt verschriebenen Arzneimittelreserve werden dem Bewohner Schlaftabletten verabreicht, damit er die Pflegekräfte nicht weiterhin stört. Deshalb bitte ich euch mit aller Kraft, euch die notwendige Zeit zu nehmen, um eure Lieben ernsthaft und einfühlsam auf ihren neuen Lebensort vorzubereiten, auch wenn es manchmal schwierig ist. Es sei denn, ihr habt nicht wirklich eine Wahl. Das erspart euch danach viele unangenehme Situationen. Auch wenn ihr es nicht wollt, ihr würdet an der Verschlechterung der psychischen Gesundheit eurer Lieben teilnehmen, die großes Leid verursachen würde. Es stimmt, dass Leiden manchmal auch dazu führen können, dass Dinge sich zum Besseren wenden. Aber bitte nicht bei diesen alten Menschen ausprobieren. Erlaubt ihnen, mit zunehmendem Alter die wenige Energie, die sie noch haben, dafür zu nutzen, sich selbst zu heilen. Andernfalls riskieren sie, sich für den Rest ihres Lebens zu Recht über euch zu ärgern. Und doch lieben sie euch. Ja, ich bestätige es, sie lieben euch mit all ihrer Kraft, ich weiß, wovon ich rede. Ich habe euch auch akzeptiert und bin euch sehr dankbar. Aus diesem Grund habe ich beschlossen, euch von meiner persönlichen Geschichte zu erzählen, nachdem ich es meiner Ehefrau Ablan und meinen Kindern Glaou und Lessebet erklärt und die kantonalen und kommunalen Behörden informiert hatte. In Wirklichkeit wurde ich in einem kleinen Dorf im Westen der Elfenbeinküste ohne die Anwesenheit meines leiblichen Vaters geboren. Ich wurde als Sohn einer sehr jungen Mutter geboren, die in einer traditionellen Umgebung aufgewachsen ist und nie die Schule besucht hat. Ihr Name ist Bah Amoin Généviève (Friede mit ihrer Seele). Ihr Vater Bah Guela war ein Kinderjongleur und sie eine seiner Tänzerinnen. Mein Vater hatte als Erster erkannt, dass meine Mutter schwanger war. Aber mein Vater schämte sich, sich als Verantwortlicher für diese Schwangerschaft zu erkennen zu geben. Also wurde ich ohne die Anwesenheit meines leiblichen Vaters geboren.

Laut meinem Vater war es 1971, ich war damals drei Jahre alt, als ich mit einem Problem in einem meiner Knie zur Behandlung in ein Krankenhaus in Séguela kam, der Stadt, in der er als Schullehrer arbeitete. Er nutzte die Gelegenheit, um für mich eine Geburtsurkunde mit den Namen und Vornamen ausstellen zu lassen, die nur er ausgewählt hatte: **Kohou Lessebet Ange François.** Ich muss erlich sagen, dass mein Name Lessebet mir sehr gut gefällt. Diese Identität hatte ich während meiner gesamten Schulzeit und meiner bescheidenen Karriere als Fußballspieler, also bis zum Jahr 2000, also zwei Jahre vor meiner Ankunft in der Schweiz. Er selbst, Sohn eines Gendarmenvaters und bereits Lehrer, wusste, wie wichtig die Schule ist und wollte auf keinen Fall, dass ich in die Fußstapfen meiner Mutter trete. Letztere war definitiv nicht diejenige, mit der er sein Leben teilen wollte. Meine Mutter konnte nicht auf Französisch lesen oder schreiben und stammte auch aus einer sehr armen Familie. Ich erinnere mich vage an das eine Mal, als ich sie traf, ohne wirklich zu wissen, dass ich vor meiner leiblichen Mutter stand. Eine junge, schlanke Frau mit langen natürlichen Haaren und großen Augen. Es war im Sommer 1992 in Diourouzon, in ihrem Heimatdorf, wie es schien. Meine Mutter umgab eine schüchterne, nein, sagen wir zurückgezogene Ära. Sie lebte allein in einer Lehmhütte ohne Fenster. Ich sah in ihrem Gesicht und in ihren Augen viel Ungesagtes, viel Frustration, viel Leid. Mein Herz schmerzte bei diesem Anblick. Es tut mir leid, das sagen zu müssen, aber in diesem Moment, als ich mich sehr weit von ihr entfernt fühlte, sah ich sie nicht als meine Mutter. Ich hätte mir jedoch gewünscht, dass sie bestätigt, dass sie meine Mutter ist und mir von ihrem Leben, meiner Geburt, meinen Brüdern und Schwestern, die sie nach mir bekommen hatte, von meinem Vater erzählt. Doch weil ich ihren Blick nicht finden konnte, konnte ich nicht so mit ihr sprechen, wie ich es mir gewünscht hätte, ich konnte sie nicht einmal liebevoll berühren, die Barriere von Sprache, Bescheidenheit, Emotionen und was weiß ich noch, war zu groß. Also nahm ich mir vor, dass ich sehr bald zurückkommen würde, um nach ihr zu suchen, um bei mir zu leben. Nein, mein Traum wird niemals wahr werden. 1996, zwei Jahre nach meiner Ankunft in der Bundesrepublik Deutschland, erfuhr ich vom Tod meiner Mutter. Bis heute weiß ich immer noch nicht das genaue Datum ihres Todes. Ist sie an einem Unfall, einer Krankheit, Alter, Trauer oder Elend gestorben? Ich weiß nicht mal, wo sie begraben wurde. Ich weiß es nicht und vielleicht werde ich es auch nie erfahren. Aber ich weiß, dass man entweder die Informationen erhält, um informiert zu werden, oder man sucht selbst danach. Also werde ich alles tun, um Antworten auf meine Fragen zu bekommen, damit ich um meine Mutter Bah Geneviève trauern kann. Nach all den vielen Jahren und dem Wissen, dass sie meine leibliche Mutter ist, beschloss ich, meine Geburtsurkunde mit meinem Namen **Lessebet** zurückzunehmen, auf der **Bah Geneviève** als meine Mutter geschrieben ist. Ich möchte also nicht nur demjenigen Tribut zollen, der mir das Leben gegeben hat, sondern auch meine eigene Identität finden, damit ich sie eindeutig an meine beiden Jungen weitergeben kann. Gleichzeitig kann ich sie ansprechen, indem ich ihren Namen als ihre echte Großmutter mütterlicherseits beschwöre. Besser spät als nie, Mama! Mama, ich verspreche dir, dass ich deine Familienmitglieder und dein letztes Zuhause finden werde. Ich sage ihnen, dass ich dein erstes Kind bin. Mein Vater wollte nicht mit dir leben, vielleicht wegen deines Analphabetismus. Aber ich bin mir sicher, dass er dich nicht geliebt hat, Mama, denn wenn man liebt, ist alles andere zweitrangig. Selbst heute tut es mir immer noch weh, wenn ich an dich denke. Nicht, weil mein Vater dich nicht anerkannt hat, sondern weil ich, dein Sohn Lessebet, mich dir wegnehmen ließ. Ich hoffe, du verzeihst mir meine Selbstsucht und meine Naivität. Und hier ist die Ironie des Schicksals. Am Ende habe ich auch eine Frau geheiratet, die wie du, Mama, keine Gelegenheit hatte, zur Schule zu gehen, um lesen und schreiben zu können. Nachdem ich mehr als zehn Jahre mit ihr zusammengelebt hatte, verstand ich, dass sie trotz dessen, was die öffentliche Meinung als Behinderung bezeichnet, angesichts einer bestimmten Situation eine Argumentation hat, die es mir als Freund und

Ehemann ermöglicht, meine eigenen Gedanken zu lenken. Kurz gesagt, es ist die Art und Weise, wie meine Frau sich jedem sozialen Thema nähert, was mich zu der Aussage veranlasst, dass es verschiedene Arten von Intelligenz gibt. Zum Beispiel die sogenannte Intelligenz des Lebens, die die Summe praktischer Erfahrungen ist. Oder die sogenannte intellektuelle Intelligenz, die die Folge der Schul- und Universitätskarriere ist. Trotz dieser Unterschiede lebten meine Frau und ich viele Jahre in perfekter Harmonie und erzogen unsere beiden Jungen auf ergänzende Weise. Dies führt mich zu folgendem Schluss: Mein Vater erkannte mich und holte mich, weil ich zufällig sein erstes Kind und darüber hinaus ein Junge war. Dies ist in der Mentalität eines Afrikaners ivorischer Herkunft von großer Bedeutung. So lebte ich bis zum Alter von vierundzwanzig Jahren mit meinem Vater, meiner Stiefmutter und ihren Kindern unter einem Dach. Deshalb, liebe Kinder von Menschen, die alt geworden sind und einen Vater oder eine Mutter haben, die das dritte Alter erreicht haben, ist es so wichtig, dass ich vor allem euch einlade, sie zu verstehen. Es ist nicht einfach, dessen bin ich mir bewusst, aber es ist auch nicht unmöglich. Ich bitte euch nur, vorsichtig zu sein, sonst riskiert ihr, eure Eltern all diesen korrupten Ungerechtigkeiten auszusetzen, denen betreute alte Menschen oft ausgeliefert sind. Und dann, wie ihr wisst, seid wahrscheinlich ihr und ich es, die wir der Kôrô von morgen sein werden. Junger Mann, kümmere dich um den alten Mann. Junge Frau, kümmere dich um die alte Frau. Kinder, passt auf sie auf, denn sie sind immer noch unsere Eltern, die gerade nur ein bisschen alt geworden sind.

Solange die Philosophie existiert, die eine Kategorie von Pflegekräften überlegen und eine andere minderwertig macht, wird es überall in Einrichtungen für ältere Menschen Ungerechtigkeit und Leid geben. Solange es erste und zweite Klassen von Betreuern in medizinisch-sozialen Einrichtung gibt. Solange die Qualifikation einer Pflegekraft wichtiger ist als ihr Know-how. Solange die Praxis der Kultur der Fürsorge nicht von jedem ohne Unterschied der Qualifikation verstanden wird. Während des

Wartens auf diesen Tag wird der Traum, die Kommunikation zwischen Mitarbeitern derselben Funktion zu harmonisieren, nur eine verzweifelte Illusion sein, die dennoch die Argumente finden muss, um sich zum Wohl aller in die Realität umzusetzen. Solange diese heuchlerischen und inkompetenten Verwaltungen meine Kollegen in den verschiedenen Institutionen gängeln. Überall wird diese Ungerechtigkeit sein, besonders gegenüber älteren Menschen und ihren Angehörigen. Wenn ihr jedoch wirklich auf diesen Tag wartet, wird die Mehrheit der Pflegekräfte unter dem Gewicht des Stresses zusammenbrechen, der durch die schlechte Organisation entsteht, die von all diesen Pflegemanagern bewusst oder unbewusst hervorgerufen wird. Ich, der Pflegehelfer, weiß, dass wir bei Bedarf kämpfen werden. Ich bin überzeugt, dass wir gewinnen werden, weil wir von fast allen Bewohnern und ihren Familien unterstützt werden. Deshalb sind wir sehr zuversichtlich. Es wird ein Sieg der Praxis über die Theorie werden. Der endgültige Sieg der Kultur der Fürsorge. Während ich auf diesen Tag warte, bitte ich all diese Verwaltungen, ein wenig über die ihnen anvertrauten älteren Menschen nachzudenken, die auf die Betreuer angewiesen sind, um diese letzte Phase ihres Lebens in Ruhe und Würde verbringen zu können. Während ich noch auf diesen Tag warte, entschuldige ich mich bei all diesen älteren Menschen, die ich irgendwann in ihrem Leben begleitet habe. Ich entschuldige mich bei ihnen für die ganze Zeit, die ich gebraucht habe, um endlich zu verstehen, dass in vielen Institutionen viel schiefläuft. Leider ist die Philosophie der Stärksten theoretisch immer noch sehr oft die beste. Aber warum diese Ungerechtigkeit gegenüber den alten Menschen? Warum steht der alte Mensch im Mittelpunkt aller Theorien, aber immer noch sehr wenig im Mittelpunkt der Praxis? Ich weiß nicht, wie oft ich mir diese Frage schon gestellt habe. Aber was werden diese Verwaltungen all dieser Altersheime tun, wenn sie sich einer Gesundheitskrise stellen müssen? Wie werden sie sich organisieren, um all diese Leistungsempfänger zu schützen? Mit allem, was ich über einige Institutionen, deren Organisation und Kommunikation weiß, bin ich sehr besorgt um all diese Betreuer, unabhängig von ihren unterschiedlichen Qualifikationen, die nur die getroffenen Entscheidungen ausführen müssen. Auch wenn diese Entscheidungen nicht immer der Realität und den Fakten entsprechen. Ich mache mir auch Sorgen um all diese älteren Menschen, denen sehr oft nicht zugehört wird und denen wir uns oft nur der Nützlichkeit wegen nähern. Das heißt, eine Pflegekraft schaut auf einen Bewohner oder spricht mit einem Bewohner oder berührt einen Bewohner, weil er eine Pflege durchführen muss. Nun, offensichtlich ist es heute so, weil die Stoppuhr bereits läuft. Während ich definitiv auf diesen Tag warte, erzähle ich zum ersten Mal allen, die mich nah oder fern kennen, den Kontext, in dem ich zu Unrecht als Pflegekraft eingestellt wurde. In der Tat bin ich 2005 als Praktikant im Pflegeheim an meinem Wohnort eingestiegen, dort arbeitete ich seit 2006 als Pflegehelfer.

*Zwischen 2009 und 2010 kam es zu einem plötzlichen Wechsel des Verwaltungs- und Pflegepersonals. Die Gründe sind mir bis heute unbekannt. Sicher ist, dass das Heim einen neuen Direktor, einen neuen Regieassistenten mit seinem Assistenten bekam. Wir registrierten auch die Ankunft neuer Pflegekräfte. So trat Madame H im gleichen Zeitraum als Krankenpflegerin einer Pflegeeinheit bei. Sie war meine neue Teammanagerin.

*Von 2011 bis 2012 funktionierte die Zusammenarbeit mit Madame H gut. Sie verließ sich sehr auf meine Professionalität und mein Know-how, um ihre neue Funktion als Leiterin einer Pflegeeinheit bestmöglich zu starten.

*Auch 2012, aber diesmal außerhalb des beruflichen Rahmens, machte Frau H mir mehrmals und in verschiedenen Formen Avancen, die ich mit großem Geschick und höflich ablehnte. Unsere anfängliche professionelle Zusammenarbeit verschlechterte sich also. Als ich dies bemerkte, bat ich im Januar 2013 die Oberschwester um den Wechsel der Pflegeeinheit, um mich zu schützen und eine ungesunde Arbeitsatmosphäre zu vermeiden. Jetzt bin ich Teil einer neuen Pflegeeinheit.

*Am 29. August 2013 bezichtigte mich Frau H der sexuellen Belästigung. Der Direktor rief mich sofort in sein Büro. Ohne sich die Mühe zu machen, nach meiner Version der Fakten zu fragen, beschuldigte mich der Direktor in Gegenwart seines Assistenten zunächst dafür, dass ich immer noch zum alten Verwaltungsteam gehöre, bevor er mich nach Hause schickte.

*Am 30. August 2013 erschien ich, wie vom Herr Direktor gefordert, erneut in seinem Büro. Der Direktor und sein Stellvertreter zwangen mich, den Bericht zu unterzeichnen, der die Anschuldigung von Frau H gegen mich bestätigte. Nach mehrstündiger Diskussion erklärte ich mich bereit, erst zu unterzeichnen, wenn der Direktor im Bericht meine kategorische Ablehnung dieser Tatsache erwähnte, für die ich beschuldigt wurde. Schockiert über diese falsche Anschuldigung und insbesondere die Reaktion meiner Vorgesetzten vertraute ich mich meinem Hausarzt an, der mich angesichts meines Zustands vor einer Krankschreibung schützen sollte. Mein Arzt riet mir dringend, den Referenten der Stiftung in der Person von Dr. E zu konsultieren. Was ich sofort tat. Auf Ersuchen des Referenten wurde am 05. September 2013 um 17.00 Uhr innerhalb der Einrichtung selbst ein Treffen mit allen Betroffenen organisiert. Überraschenderweise hatte das mutmaßliche Opfer während der Sitzung zu keinem Zeitpunkt bestätigt, geschweige denn erwähnt, dass ich es verbal oder körperlich sexuell belästigt hätte, wie Frau H. behauptet hatte. Zu diesem Zeitpunkt bat Dr. E in seiner Rolle als Vermittler den Direktor, den Bericht vom 30. August 2013 für nichtig zu erklären, der auf Artikel 15 des Arbeitsgesetzbuchs anspielte. Stattdessen wäre es notwendig, eine Konfrontation mit Madame H zu organisieren, um das Problem intern zu lösen. Der Vorschlag wurde vom Direktor offiziell angenommen. In der Zwischenzeit vom 21. bis 23. Oktober 2013 musste ich vorbeugend von einem Psychiater krankgeschrieben werden. Anstelle einer Konfrontation mit Madame H, wie vom Direktor und seinem Stellvertreter vorgeschlagen, um auf eine neue unbegründete Anschuldigung zu antworten. Mit meinen Kollegen durfte ich im Personalraum keine Pausen mehr einlegen. Was im Umkehrschluss bedeutete, dass ich für das schlechte Klima verantwortlich sein sollte, das dort herrschte. So wird Leben geschaffen. Es muss immer jemanden geben, der schuld ist.

*Am 20. Januar 2014 stand ich wieder vor meinen hierarchischen Vorgesetzten. Diesmal in Anwesenheit von Frau H. Mir wurde vorgeworfen, eine Bewohnerin im Aufzug allein gelassen zu haben. Aber wie kann ich eine Bewohnerin verlassen, die ihre Gehhilfe benutzt, um sich selbstständig fortzubewegen? Wenn ich aus dem Aufzug steige, verlasse ich den besagten Bewohner in Begleitung einer Krankenschwester in der Krankenpflege. Aber was ist wirklich unprofessionell daran, einen völlig autonomen Bewohner in Begleitung eines Absolventen der Krankenpflege zu verlassen, wenn es nur ein weiterer Versuch von Frau H ist, mich zu diskreditieren?

*Vier Tage später, also am 24. Januar 2014 um 15.00 Uhr, wurde ich vom Direktor einberufen und stimmte auf seine Bitte hin zu, in Anwesenheit seines Assistenten Frau H die Hand zu geben, als Zeichen des Versprechens einer besseren Zusammenarbeit.

*Vom 29. bis 31. Januar 2014 war ich krankgeschrieben. Gleichzeitig verschlechterte sich der Gesundheitszustand meiner Frau. Sie, die bereits an einer erblichen Pathologie litt, sollte durch mich die schreiende Bosheit meiner hierarchischen Vorgesetzten erleiden. Nirgendwo war die Intervention unseres Hausarztes und insbesondere die Unterstützung unserer Bekannten zu erreichen, meine beiden Jungen wären heute Waisen einer Mutter und ich könnte Witwer sein. Meine Henker, es tut mir leid, dass meine Beamten die Arztrechnung meiner Frau bezahlten. Ich habe diese plötzliche Großzügigkeit nicht ganz verstanden. Aber das ist es! Während es erst ein paar Tage her war, antwortete mir der Personalchef sehr hochmütig auf meine Bitte um den schriftlichen Bericht über die Sitzung vom 05. September 2013, die in Anwesenheit des Bürgerbeauftragten der Stiftung stattfand.

*Am 23. März 2016 wurde ich erneut belastet. Diesmal, um meinen Dienst vor der vom Arbeitgeber festgelegten offiziellen Zeit einzustellen. Wieder eine falsche Anschuldigung. Zum Glück konnte die Technologie der Telefonanlage das Gegenteil der Aussagen der Verantwortlichen des Tages beweisen, die wie zufällig die Leiterin der Pflegeeinheit Frau H war.

*Am 16. November 2016 beschuldigte mich Frau H erneut. Diesmal behauptete sie, dass ich fünfundvierzig Minuten im Büro gesessen hätte, ohne etwas zu tun. Trotz meiner professionellen Einstellung und meiner Ehrlichkeit, ihr die Situation zu erklären, blieb sie bei ihren Worten gegenüber dem Direktor der Stiftung.

*Am 23. November 2016 wurde ich vom stellvertretenden Direktor und von der leitenden Mitarbeiterin vorgeladen. Ohne auf meine Version der Fakten zu hören, klammerten sich beide an Madame Hs Aussagen und ermahnten mich abwechselnd. Beide beschuldigten mich des Mangels an Respekt vor Frau H, ohne mir jedoch konkret meinen wahren Anteil an Verantwortung zu erklären. Und um mich schließlich davon in Kenntnis zu setzen, dass die Leitung der Stiftung ohne die Intervention von Frau H beschlossen hatte, meinen Arbeitsvertrag zu beenden. Was für eine Inszenierung, die eines Amateurfilms würdig war. Diesmal war ich weder überrascht noch enttäuscht von meinen Vorgesetzten. Vielmehr fing ich an, mir nicht nur Fragen zu meiner Zukunft in dieser Institution zu stellen, sondern auch zur Aufrichtigkeit all dieser Menschen, aus denen diese Administration bestand. Wer waren sie wirklich? Was wollten sie von mir? Warum waren die alle so sauer auf mich? Wie belästigte ich sie? Kurz gesagt, ich weigerte mich auf jeden Fall, das bereits von meinen lieben Beamten sorgfältig ausgearbeitete Protokoll zu unterzeichnen. Wenn ich bedenke, dass ich mit einer Arbeitsquote von 100 % mehr Zeit an meinem Arbeitsplatz verbringe als mit meiner kleinen Familie, dann bezweifle ich zwangsläufig all diese Anschuldigungen. Ja, ich mache mir große Sorgen um die professionelle Ehrlichkeit meiner Vorgesetzten.

*Am 22. Februar 2017 begleitete mich die neue Leiterin der zweiten Pflegeeinheit im Rahmen eines Projekts namens „Coaching", das sie während unserer letzten Teamkonferenz sorgfältig mit uns besprochen hatte. Ich erinnere mich, dass sie sogar den Vorsitz geführt und behauptet hatte, dass es keine Prüfung sein würde. Es ginge ihr nur darum, zu sehen, wie die Qualität der Versorgung für das Wohlbefinden unserer Bewohner verbessert werden könnte. Unter ihrer Beobachtung kümmerte ich mich also um drei von ihr selbst ausgewählte Bewohner. Nach den Behandlungen gab sie mir kein Feedback. Letzteres sagte mir eher, dass ich in zwei Tagen auch von dem Leiter der dritten Pflegeeinheit beaufsichtigt werden würde.

*Am 24. Februar 2017 folgte mir dieser Absolvent der Krankenpflege, der nur vier Monate im Dienst war, und beobachtete mich, während ich mich um die fünf von ihm ausgewählten Bewohner kümmerte. Alles Bewohner mit komplexen Erkrankungen, von denen die meisten sehr eingeschränkt mobil waren. Die Tatsache, dass keiner von ihnen in all den verschiedenen Phasen der Körperpflege pathologisches Erregungsverhalten zeigte, entging dem Absolventen der Krankenpflege, der mich beobachtete, nicht.

*Drei Wochen später, am 18. März 2017, wurde ich um 10.45 Uhr von meinen beiden Vorgesetzten vorgeladen, um in diesen beiden Tagen endlich wieder zu meiner Arbeit zurückzukehren. Nach so vielen Jahren in dieser Institution sah ich zum ersten Mal eine Reihe von Vorbereitungen für eine Verschwörung. Angesichts der Gesten und Kommentare meiner Manager blieb ich gelassen. Ich beantwortete alle ihre Fragen mit viel Ruhe und Reife. Schließlich bat ich sie einfach, mir Termine anzubieten (wenn möglich mit den acht Bewohnern), damit sie mir konkret zeigen konnten, wie ich mich korrigieren könnte, wofür sie mich beschuldigten. Nach diesem Interview in Form eines Verhörs, das darauf abzielte, mich rechtfertigen zu müssen, keine gute Pflegekraft zu sein. Das führte mich im Nachhinein zu dem Verständnis, dass dieses „Coaching"-Projekt nur ein sehr wichtiges Element in der Strategie zur Erstellung meiner Empfehlungsakte war. Erinnert euch, wie oft meine Vorgesetzten mich gebeten haben, die verschiedenen Protokolle zu unterschreiben. Es war mir sicherlich sehr peinlich für meine Vorgesetzten geworden, aber gleichzeitig war ich als Pflegehelfer sehr wichtig für meinen Kôrô. Ich weigerte mich erneut, das von diesen beiden für die Pflege verantwortlichen Marionetten vorgeschriebene Protokoll zu unterzeichnen. Meine Intuition zwang mich spontan, mir bestimmte Fragen zu stellen: Warum gab es keine konkreten Korrekturen in Bezug auf die Ziele des Projekts? Laut der Mehrheit meiner Kollegen war ich anscheinend der Einzige, der im Rahmen dieses berühmten Projekts betreut wurde. Völliges Unverständnis der Mehrheit meiner Kollegen, die bis heute darauf warten, ihrerseits beaufsichtigt zu werden. Nach all dem, was ich von diesen beiden Absolventen und Testamentsvollstreckern des Coaching-Projekts gehört hatte, bat ich meine großen Augen nachdrücklich, mir zu helfen, indem ich etwas mehr beobachtete, was um mich herum passierte. So wurde ich sehr auf mein berufliches Umfeld aufmerksam. Von diesem Moment an bereitete ich auf Anraten eines Anwalts einen Fragebogen für meine Kollegen vor, um herauszufinden, was sie wirklich von mir hielten.

*Am Mittwoch, den 29. März 2017, wurde ich gegen 10.00 Uhr vom Direktor in sein Büro gerufen. In Anwesenheit seines Assistenten stellte er mir zwei Fragen:

- Welchen Fragebogen verteilst du an deine Kollegen?
- Warum gibst du ihn nicht auch den drei Leitern der Pflegeeinheiten?
- Ich sagte ihm, dass es ein Fragebogen ist, der mich beschäftigt und der Teil meiner Projekte ist. Es ginge darum zu wissen, was meine Kollegen nach zehn Jahren im Geschäft von mir hielten. Also eine Umfrage für meine Selbsteinschätzung, die darauf abzielt, wie ich mich um die Bewohner kümmern kann und insbesondere um zu vermeiden, dass ich in die Routine verfalle. Ansonsten plane ich, den Fragebogen allen meinen Kollegen zu geben, die ihn haben wollen. Aber leider traf ich sie nicht alle gleichzeitig. Und dann füllten diejenigen, die ihn haben wollten, ihn nur außerhalb ihrer Dienstzeiten aus. Der Direktor hatte offensichtlich keine Fragen mehr. Ich vermutete, er hätte bereits darüber nachgedacht, wie er seine Ideen für das Protokoll koordinieren sollte, das er gegen mich geschrieben haben würde.

*Am Freitag, den 31. März 2017, bat ich nach dem Morgenbericht um ein Gespräch mit den drei Leitern der Pflegeeinheiten. Es kam zu einem etwa zehnminütigen Gespräch im Büro des Direktors. Leider führte das zu gar nichts. Die Zeit war viel zu kurz, sodass ich den Rest nicht erklären konnte. Aber angesichts des Gesichtsausdrucks des Häuptlings, der von seinen Untergebenen umgeben war, fühlte ich einfach, dass dies nichts Gutes zu bedeuten hatte. An diesem Freitag, als ich um 15.54 Uhr meinen Dienst beendete, wurde ich plötzlich um 16.10 Uhr vom Direktor und seinem Assistenten in das Büro des ersten Beauftragten gerufen. „Wir wollen nicht mehr mit dir zusammenarbeiten. Du kannst dein Kündigungsschreiben unterschreiben. Wenn du dich weigerst, mache ich das für dich." Das war ein ziemlich seltsames Verhalten eines Managers einer so großen Institution. Lag es daran, dass Letzterer diese Art von Aussage machte, oder lag es nur an meiner Funktion als Pflegehelfer? Trotz dieser unangenehmen Mobbing-Szene weigerte ich mich zu unterschreiben. Um 16.15 Uhr befahlen mir beide nachdrücklich, meine persönlichen Sachen aus dem Umkleideraum abzuholen und ihnen sofort alle Schlüssel der Einrichtung auszuhändigen. In der Zwischenzeit wartete der Leiter der Pflegeeinheit, der zu diesem Anlass in einen Wachmann verwandelt wurde, draußen, um mich die Befehle des Chefs ausführen zu lassen. Um mich umzuziehen, durfte ich nicht einmal die Umkleideraumtür schließen. Der Wachmann hatte sich davor positioniert. Ich hatte das Gefühl, dass er keine andere Wahl hatte, als so zu handeln, aus Angst, seinen Arbeitsplatz zu verlieren. Er stand kurz vor dem Ruhestand. Also habe ich ihm dabei zugesehen, ohne etwas zu sagen. Wie bei einem Kriminellen wurden also alle meine Handlungen überwacht. Ich nahm meine persönlichen Gegenstände und ging hinauf, um dem Direktor in Anwesenheit seines Stellvertreters die Schlüssel zu übergeben. Wie an jedem Tag der Woche um diese Tageszeit, war es Zeit für den Nachmittagstee und Besuche. So beobachteten auch einige Bewohner, die in der Cafeteria direkt vor dem Verwaltungsbüro saßen, die Szenerie, aber sicher ohne zu wissen, was los war. Ich wollte mich von ihnen verabschieden, durfte mich ihnen aber nicht mehr nähern. Es war schwer für mich, meinen Kôrô aus dem WA auf diese Weise zu verlassen. Ich wurde zu meinem Auto eskortiert. Der stellvertretende Direktor und der Wachmann warteten sogar darauf, dass ich den Parkplatz des Bezirks verließ, bevor sie auf ihre Posten zurückkehrten, um dem Direktor Bericht zu erstatten. Uff, was für eine Befreiung! Ich wollte euch wirklich alles erzählen, was mir in den letzten Jahren bis zum Tag meiner Entlassung passiert ist. Ich versichere euch, dass alles eingefädelt wurde, damit sie mich entlassen konnten. Dies ist oft die Strategie, die von den Verwaltungen verfolgt wird. Aber es war ein Missverständnis von François, dem Pflegehelfer. Mir war klar, dass meine Vorgesetzten mich trotz mehrjähriger Zusammenarbeit nicht wirklich kannten. Schade für sie, wenn sie mein Schweigen als Unwissenheit, meine Professionalität als Akzeptanz all dieser Ungerechtigkeiten, meine Ruhe als Schwäche und schließlich meine Freundlichkeit als Naivität interpretierten. Zusammenfassend lässt sich sagen, dass ich seit 2012, als ich die Avancen dieser Leiterin der Pflegeeinheit in der Person von Frau H ablehnte, nur Einschüchterungen und Befragungen aller Art ausgesetzt war. Dank meiner mentalen Stärke, meiner Ruhe, meiner Vorfreude, meiner Aufrichtigkeit, der großen Unterstützung der Bewohner und der unbestrittenen Liebe meiner Frau Ablan konnte ich dieser ungerechtfertigten psychischen Unbarmherzigkeit trotzen. Und dann, wie Robert Nesta Marley zu seinen Lebzeiten sagte: „Man weiß nie, wie stark man ist, bis zu dem Tag, an dem es die einzige Option ist, stark zu sein." So war es auch diesem starken Gedanken zu verdanken, dass ich all diese vielen Jahre all dieser Administration und diesen Marionetten von Kollaborateuren widerstehen konnte, die sich gegenseitig im Bösen unterstützten. Aber ich frage mich noch immer, wie konnte sich ein Geschäftsführer einer so großen Institution auf diese Weise von einer einfachen Krankenschwester manipulieren lassen? Wie konnten der Direktor und seine Mitarbeiter in der Verwaltung die Zuverlässigkeit all dieser gegen mich erhobenen Anschuldi-

gungen nicht infrage stellen? Wie konnte eine ganze Administration nicht für einen einzigen Moment bemerken, dass es immer Madame H war, die immer direkt zum Direktor ging, um
sich über mich zu beschweren. Dabei war sie weder die einzige
Krankenschwester, die für eine Pflegeeinheit verantwortlich
war, noch die Assistentin der Oberschwester, geschweige denn
die Pflegeleiterin der Krankenschwester. Und doch scheint es,
dass der Geschäftsführer ihr blind, vielleicht sogar liebevoll vertraute. In Ordnung, worauf werde ich mich einlassen. Immer-
hin sind sie beide erwachsen. Ich kann die Haltung dieser Geschäftsführer verstehen, weil es anderswo nicht besser ist. Ich
kenne andere, die, anstatt herauszufinden oder zu verstehen,
warum ein Mitarbeiter zurücktritt, schweigen und sich auf den
Klatsch verlassen, der zirkuliert. Dieser Manager möchte jedoch
über soziale Fähigkeiten verfügen und daher in der Lage sein,
diese Art von Einrichtung zu verwalten, in der ältere Menschen
untergebracht sind. Er sollte wissen, welche Verantwortung er
mit seinem Job übernimmt, den zu betreuenden Menschen und
den Mitarbeitern gegenüber. Wenn sie diese Direktorenpositi-
on jedoch nur annehmen, weil sie sehr gut bezahlt ist, sind diese Menschen an der falschen Stelle. Wenn ein Geschäftsführer
nicht die nötige Persönlichkeit und wenig Charakter hat und
sich nur um den Umsatz kümmert, wird er über kurz oder lang
von seinen eigenen Mitarbeitern betrogen werden, insbesondere von denen mit entsprechender Qualifikation wie Absolventen der Krankenpflege und Leitern von Pflegeeinheiten. Gau
nùma! Also Mitarbeiter, die Einsicht haben in verschiedene
Krankenakten älterer Menschen. Akten, die für die Verwaltung
und für den Umsatz von medizinisch-sozialen Institutionen
von strategischer Bedeutung sind. Dann können Krankenschwestern wie zum Beispiel Frau H, die verstanden haben, dass berufliche Fähigkeiten in den Augen einer solchen Verwaltung
nicht so wichtig sind, sich selbst Freude bereiten. Diese Absolventen der Krankenpflege sind sehr gerissen und knüpfen sehr
oft andere Netzwerke, um ihre vielen beruflichen Mängel zu
verschleiern. Diese Art von Absolventen stellen sich in den

Dienst der Verwaltung und nicht in den Dienst der Pflegebedürftigen. Was bedeutet, der Verwaltung Berichte jeglicher Art über dieses oder jenes zu liefern. Oder ihre ganze Kraft nur in das Schreiben aller Pflegeberichte zu investieren. Auch wenn es bedeutet, diejenigen anzupassen, die bereits geschrieben wurden. Diese Betreuer mit der Qualifikation von Absolventen werden sogar für das Codierungssystem oder Ähnliches verantwortlich gemacht. Das ist ein schlechtes System, das von diesen Verwaltungen missbraucht wird. Mit den besten Absichten wurde dieses Instrument eingeführt, um die Arbeit der Pflegekräfte zunächst zu schützen und transparent zu halten. Doch es wird benutzt, um die Ressourcen jedes Bewohners hervorzuheben, um seine Pflege besser anzupassen. Ich gebe auch zu, die Heuchelei dieses Systems anzuerkennen. So wie Absolventen der Krankenpflege wie Frau H, die schnell verstanden haben, dass sie dieselben Systemcodierungskriterien verwenden können, um die Rechnungsbeträge der Leistungsempfänger nach eigenem Ermessen zu manipulieren. Und da dieser finanzielle Aspekt heute leider die meisten Verwaltungen von Einrichtungen für ältere Menschen interessiert, funktioniert das System perfekt. Auf diese Weise kann eine Pflegekraft mit einem Abschluss in Krankenpflege, ohne Verwaltungsangestellter zu sein, zum Bauer im Funktionssystem der Letzteren werden. In der Praxis reicht es aus, dass Absolventen der Krankenpflege während des sogenannten Beobachtungszeitraums bestimmte Kommentare im Pflegebericht hinterlassen oder vermerken lassen wie: Der Bewohner wurde von zwei Betreuern im Bett positioniert, die Mobilisierung des Bewohners wurde von zwei oder drei Betreuern vorgenommen, die Körperpflege wurde von zwei Betreuern durchgeführt, der Bewohner wurde von zwei Betreuern ins Bett gehoben, der Bewohner trägt Tag und Nacht einen Inkontinenzschutz, der Hygieneschutz des Bewohners wurde von zwei Betreuern gewechselt oder der Bewohner wurde von zwei Betreuern angekleidet usw. ... Solche Einträge bedeuten für diese Bewohner eine Änderung ihres Status. Dies bedeutet eindeutig, dass es sich bei diesem Bewohner um einen schweren Fall handelt, da er für dieselbe Pflege die Hilfe mehrerer Pflegekräfte benötigt. Infolgedessen wird sich auch seine monatliche Rechnung erhöhen. Die meisten dieser als „schwere Fälle" bezeichneten Bewohner können sich jedoch selbst mobilisieren, wenn dieselben Verwaltungen ihnen durch ihre Philosophien der Pflege und Unterstützung genau die Zeit dafür geben würden. Es ist wie beim Essen. Wenn die Pflegekraft die Bewohner, selbst mit Verhaltensproblemen, ihrem Gesundheitszustand angepasst behandelt, bin ich mir sicher, dass sie ihre Löffel oder Gläser selbst zum Mund führen können. Wenn das Pflegepersonal wüsste, wie wichtig Vertikalität ist; das heißt, dass der Mensch im Allgemeinen und insbesondere der alte Mensch aufrecht stehen muss, bin ich überzeugt, dass in Einrichtungen für ältere Menschen weniger „schwere Fälle" verursacht würden. Angesichts dieser Verwaltungen, deren Philosophie im Wesentlichen auf Gewinn basiert, sollte der alte Mensch, anstatt die Verbesserung oder die Stabilisierung seines Gesundheitszustands zu beobachten, lieber mit der geringen Energie arbeiten, um nicht nur im Mittelpunkt der verschiedenen Theorien zu stehen, die von all diesen Einrichtungen aufgestellt werden. Kehren wir zum Ende meines Arbeitsvertrages zurück. Ich habe von nun an auch verschiedene Versionen gehört, die mein ehemaliger Arbeitgeber in Umlauf gebracht hat. Ich gehe manchmal so weit zu sagen, dass ich einen Raub begangen habe, aber welchen? Niemand weiß es und wird es nie erfahren. Für alle Leute in meiner Wohngemeinde, die wissen wollten, was wirklich passiert ist, entschieden sich der Direktor und sein Team für die Strategie des Zweifels. Zum Beispiel: Aufgrund des Berufsgeheimnisses können wir nicht über die Details sprechen, weswegen einer unserer Mitarbeiter ausscheidet. Wow! In der Zwischenzeit sagte ein Mitarbeiter dieser Verwaltung sogar einem Dorfbewohner, dass ich einen Anwalt bekommen könne. Wenn ich klagen würde, würde die Verwaltung sicher gewinnen. Offensichtlich würde diese Verwaltung den Fall mit all diesen großen finanziellen Ressourcen gewinnen, die sie nach Belieben nutzen kann. Auch wenn es bedeutete, dass einige seiner strategischen Mitarbeiter am Sonntagabend danach arbeiten müssten, um die Einträge und Zahlen anzupassen. Ich habe einige Wochen nach meiner Entlassung einen Anwalt kontaktiert. Einen Anwalt von der Freiburger Anwaltskammer. Nach Durchsicht meiner Akte erklärte mir der Anwalt, dass er diesen Arbeitgeber gut kennt und dass er sich in einem ähnlichen Fall bereits mit ihm befasst hatte. Dabei hatte dieser Arbeitgeber den Fall verloren. Dann erläuterte er mir, dass ich ihm noch vor der Eröffnung meiner Akte im Namen seiner Kanzlei einen bestimmten Geldbetrag als Vollmacht zu zahlen hätte. Was ich sofort tat, da ich ihm vertraute. Nein, sagen wir besser, ich hatte mir viel von ihm versprochen. Ich war mir sicher, dass er mir in diesem Kampf helfen könnte, um zu zeigen, dass mein Arbeitsvertrag zu Unrecht aufgehoben wurde. Und um hervorzuheben, dass ich Opfer psychischer Belästigung durch die gesamte Verwaltung meines ehemaligen Arbeitgebers geworden war. Nachdem mein Anwalt in einem ersten Brief um die genauen Gründe für meine Entlassung und in einem zweiten Brief um eine Korrektur in Bezug auf mein Datum des Eintritts in diese Einrichtung bat, unternahm mein Anwalt keine weiteren Schritte. Bis auf ein Telefonat mit meinem ehemaligen Arbeitgeber, um auf jeden Fall alle Details seiner Kontaktinformationen bezüglich der Aufschlüsselung meiner Akte mitzuteilen. Nach ein paar Wochen Schweigen informiert mich mein Anwalt zuerst telefonisch, dann per Post, dass er meinen Fall nicht übernehmen könne, weil er damit seinen Titel als Anwalt in der Anwaltskammer riskieren würde. Eine Nachricht so codiert, dass der Pflegehelfer, der ich bin, seine volle Bedeutung noch nicht verstanden hat. Doch der Anwalt hatte mich an etwas anderes glauben lassen. Ich erhielt auch eine Bestätigung von meinem ehemaligen Kollegen, einem seiner ehemaligen Mandanten, den er selbst als Beispiel angeführt hatte, um mich von seiner Erfahrung in solcherart Fällen zu überzeugen. Ich verstehe das Verhalten meines Anwalts. Sogar ein Anwalt dieses Ranges muss auch eine Familie ernähren. Also in einem solchen Fall, in dem ein Pflegehelfer einer ganzen Verwaltung gegenübersteht, die sich ohne

Verlegenheit bei dem helfen kann, was sie verwalten soll. Die Wahl ist schnell getroffen. Ihr stimmt mir zu, gau! Was diese gesamte Verwaltung und ihre Mitarbeiter jedoch nie verstanden haben, ist, dass ich diese Arbeit mache, um meine Anwesenheit nicht wahrnehmbar zu machen, sondern vor allem, damit meine Anwesenheit spürbar wird. Ich wurde sogar von einem Kantonsradiosender kontaktiert. Trotz der schriftlichen Beweise, die ich vorlegen konnte, und der verschiedenen Aussagen einiger Augenzeugen zum Szenario meiner Entlassung wagte dieser Radiosender nicht, über diesen sehr offensichtlichen Fall von Ungerechtigkeit am Arbeitsplatz zu berichten. Ich verstehe die Gründe für dieses abrupte Schweigen immer noch nicht. Ich dachte, dass diese Einstellung der Presse nur in Ländern wie meinem vorkommt, die über mein Herkunftsland sprachen. Aber nein! Für mich ist die Beobachtung klar. Das Verhalten des Menschen kann überall ähnlich sein, unabhängig von seinem Herkunftsort. Das heißt nicht, dass ich sauer auf diese Journalisten bin. Ich verstehe sie. Sie haben auch Familien zu ernähren. In einem Fall, in dem ein Mitarbeiter gegen eine ganze Regierung antritt, würde ein ivorischer Sportkommentator erneut sagen: „Es gibt keine Übereinstimmung." Ich hoffe nur eines: Alle Menschen, die den Mut hatten, auszusagen, um die Wahrheit ans Licht zu bringen, werden für ihre Offenheit nicht bestraft. Es ist Zeit für mich, noch einmal Danke zu sagen. Und dann vertraue ich darauf, dass die Wahrheit eines Tages siegen wird. Ich hoffe auch, dass sich die Kultur der Fürsorge auf alle Philosophien der Pflege älterer Menschen in einer medizinisch-sozialen Einrichtung ausdehnt. Aber ist es eine schlechte Sache, den eigenen Beruf ernst zu nehmen und ihn professionell auszuüben? Dass wir nicht immer sofort zum einem Bewohner eilen können, wenn er klingelt, dem stimme ich voll und ganz zu. Aber den Bewohner unter dem Vorwand warten zu lassen, den wir melden, ist für mich nicht akzeptabel. Weil dies Auswirkungen auf das Wohlbefinden der Letzteren haben kann. So, liebe Betreuer, ausnahmslos tragen wir durch diese Art von Verhalten unseren Teil der Verantwortung an dieser Philosophie, die

Ungerechtigkeit gegenüber den Insassen der Betreuungsabteilungen befürwortet. Halten Sie gut durch, wenn eine Pflegekraft sich der Anwesenheit eines Bewohners nicht bewusst ist, der mehrere Stunden in den Gängen der Pflegeabteilung sitzt oder wandert, ohne dass die Pflegekraft ihn ansieht, mit ihm spricht oder ihn liebevoll berührt. Das ist auch eine Form von Ungerechtigkeit. Ich hoffe sehr, dass alle, die sich für diesen Beruf entschieden haben, sich jedes Mal, wenn sie ihre Uniformen anziehen, daran erinnern, dass sie hauptsächlich da sind, um sich um ihre Mitmenschen zu kümmern. Der alte Mensch ist im Grunde keine Person, die den anderen ablehnt. Der alte Mensch braucht viel Zeit, um den anderen kennenzulernen, zu akzeptieren und sich ihm zu öffnen. Was könnte logischer sein! Dies lässt einen glauben, dass der alte Mensch keine Menschen anderer Herkunft oder einer anderen Generation akzeptiert. Vielmehr sind es unsere Betreuer, die sich die Zeit nehmen müssen, den alten Mann kennenzulernen. Genau wie in Afrika, wo der Feind Afrikas der Afrikaner ist, in einer Abteilung für Pflege derjenige, der die Pflegekraft nicht akzeptiert und arrogant ablehnt, die Pflegekraft selbst. Beobachtet genau das Verhalten einer Krankenschwester aus dem Orient oder eines Pflegefachmanns europäischer Herkunft gegenüber Pflegekräften anderer Herkunft. Oder die Haltung einer westeuropäischen Frau als Pflegedienstleiterin. Er wird sehr oft und spontan Menschen schweizerischer Herkunft unabhängig von ihrem Status begünstigen. Wenn sie manchmal mit Kollegen anderer Herkunft zusammenarbeiten, dann oft nur, um sie zu nutzen, besser gesagt um sie auszunutzen. Nehmen wir zum Beispiel das Verhalten eines Südamerikaners, der zu einer Gemeindeassistentin geworden ist, die einer Pflegekraft gegenübersteht, die in ihrer Traumwelt und ihrem ewigen Teint gefangen ist. Was können wir über das Verhalten einer Krankenschwester gegenüber einer anderen Krankenschwester sagen, insbesondere in Gegenwart eines Krankenpflegers? Sie wird inkompetent versuchen zu zeigen, dass sie kompetenter ist als die andere. Ein bisschen wie im Land der Blinden, wo Einäugige Könige sind. Das ist eine

Gelegenheit für mich, alle meine Kollegen daran zu erinnern, dass nur ein tiefes professionelles Bewusstsein, das auf der Kultur der Fürsorge basiert, uns Vertrauen und Respekt in den Augen eines Pflege- und Leistungsempfängers unabhängig von seinem Wohnort gewinnen lässt. In der Tat sind all diese Verhaltensweisen und Einstellungen einiger Pflegekräfte gegenüber anderen Pflegekräften eine Möglichkeit, hierarchischen Vorgesetzten und indirekt den Bewohnern zu beweisen, dass sie gute Mitarbeiter sind. Jedes Mal, wenn ich diese Szenen mit Demonstrationen von beruflicher Inkompetenz und Heuchelei sehe, möchte ich mir meine Ohren zuhalten und meine großen Augen schließen. Wenn wir schon dabei sind, möchte ich euch eine weitere Episode meiner Geschichte, meiner Familiengeschichte, meiner persönlichen Geschichte erzählen. Tatsächlich hat mich mein Vater, geblendet von einer gewissen Liebe zu seiner Frau und nach seiner Scheidung, mehrere Jahre lang belästigt, damit ich seine Exfrau zu ihm zurückbringen würde. Also übertrug er mir die Verantwortung für seine Exfrau und ihre Kinder, sobald ich anfing, mit Fußball etwas Geld zu verdienen. Ich bin deren liebstes Kind geworden. So naiv glaubte ich, dass ich von ihr akzeptiert wurde und stand schnell unter ihrem Einfluss. Ich übernahm stolz den größten Teil der Schulbildung aller ihrer Kinder. Mein Vater hat mich nie gefragt, wie es mir ging. Ganz im Gegenteil, jedes Mal erzählte er mir, dass es meine Pflicht sei, ihm seine Frau als erstes Kind und zusätzlich als Junge zurückzubringen, um bei ihm zu leben. Als ob ich es wäre, der der Grund für ihre Scheidung gewesen wäre. Aber aus Empathie für meinen Vater unterstützte ich ihn weiterhin und hoffte für ihn, dass sein Wunsch in Erfüllung gehen möge. So wurden alle Wünsche meiner Stiefmutter zu meinen Pflichten. Das ging mehrere Jahre so. Dank meiner beträchtlichen finanziellen Unterstützung haben vier der fünf Kinder meiner Stiefmutter heute jeweils eine stabile soziale Situation. Gott sei Dank, denn das war auch mein Ziel: der Erfolg aller Brüder und Schwestern, damit wir gemeinsam die Rolle der Altersversicherung für unsere Eltern übernehmen konnten. Nachdem sich meine soziale und finanzielle Situation geändert hatte, konnte ich ihnen nicht mehr regelmäßig helfen. Und dann, etwa drei Jahre später, gab ich meine Entscheidung bekannt, Agnès Ablan zu heiraten, die gerade mein zweites Kind zur Welt gebracht hatte. Das war wohl der Tropfen, der das Fass zum Überlaufen brachte. Von diesem Moment an wollte ich meinen Platz in dieser Familie wirklich verstehen. Und ich verstand: In Wirklichkeit war ich nur eine Zitrone, die immer noch sehr saftig war, weil ich im Moment immer noch oft meine Hand in die Tasche steckte, um der ganzen Familie zu helfen. Von da an war ich Gegenstand einer familiären Ablehnung, die von meiner Adoptivmutter und ihrer ersten Tochter inszeniert wurde. Ich war so stolz darauf, „Liebling Big Brother" oder „Darling Child" genannt worden zu sein. Ehrlich gesagt fiel es mir sehr schwer, all diese Heuchelei zu erkennen. Was mich an dieser ganzen Situation am meisten traurig stimmte, war definitiv die sehr passive Haltung meines leiblichen Vaters. Ich dachte, ich würde das alles dafür tun, dass dieser stolz auf mich wäre. Aber nein ... Der Mensch ist beängstigend! Gau nùma! Deshalb habe ich irgendwann in meinem Leben ernsthaft daran gezweifelt, ob er wirklich mein leiblicher Vater war. Letzterer erzählt wie die Mutter seiner anderen Kinder jedem, der es hören möchte, dass ich nicht wusste, wie ich mit all dem Geld umgehen sollte, was ich durch das Fußballspielen verdient hatte. Trotz meines Missmanagements helfe ich ihm immer wieder. Ich bin meinem Vater und meiner Adoptivmutter dennoch dankbar für all die Jahre, in denen sie meine Launen eines ignorierten Kindes und eines naiven Teenagers ertragen haben. Welch ein Leid! Was meinen Vater betrifft, so habe ich weiterhin die Hoffnung, dass er mich eines Tages so akzeptieren wird, wie ich bin, auch wenn er mich nicht mit der Mutter seiner anderen Kinder empfangen hat. Wir haben alle einen einzigen Vater. Er gehört mir. Ich hoffe zutiefst, dass er es eines Tages hier auf Erden herausfinden wird, weil ich sein leiblicher Sohn bin und nur aus diesem Grund, wenn das Leben es mir erlaubt, für ihn da sein werde, wann immer es nötig ist. Deshalb bitte ich alle, die diese Familiengeschichten ähnlich oder anders gelebt haben, ihre Familien weiterhin zu lieben, weil sie es sind, die unsere ersten Schritte in diese Welt begleitet haben, von denen wir dachten, wir wüssten sie besser als sie. Und das sollte zählen. Ja, das sollte wirklich zählen.

Der Autor

Jean-François Kpaï wurde 1968 an der Elfenbeinküste geboren, ist glücklich verheiratet und Vater
von drei Söhnen. Nach seiner Schulzeit brach er
sein Studium ab, um Fußball zu spielen und davon
zu leben.

Als er 2002 in die Schweiz übersiedelte, entschied
er sich, im Bereich der Pflege und Betreuung von
Senioren zu arbeiten, also für die Gesundheit und
das Wohlbefinden älterer Menschen zu sorgen.

Am Ende seiner Ausbildung zum Gesundheitsassis-
tenten des Schweizerischen Roten Kreuzes wurde
der Autor im Wolfacker Medical Home angestellt.
Vier Jahre lang wurde er in die als Humanitude
bekannte Behandlungsphilosophie von Gineste-
Marescotti eingeführt.

Im Jahr 2012 wurde der Autor vom Schweizerischen Roten Kreuz als Begleiter in der Psychiatrie
des fortgeschrittenen Alters anerkannt. Fünf Jahre
später, im Jahr 2017, erhielt Jean-François Kpaï die
Zulassung, mit seiner Methode „Leben im Alter"
diesen Beruf selbstständig ausführen zu dürfen.

novum ◢ VERLAG FÜR NEUAUTOREN

Der Verlag

Wer aufhört besser zu werden, hat aufgehört gut zu sein!

Basierend auf diesem Motto ist es dem novum Verlag ein Anliegen, neue Manuskripte aufzuspüren, zu veröffentlichen und deren Autoren langfristig zu fördern. Mittlerweile gilt der 1997 gegründete und mehrfach prämierte Verlag als Spezialist für Neuautoren in Deutschland, Österreich und der Schweiz.

Für jedes neue Manuskript wird innerhalb weniger Wochen eine kostenfreie, unverbindliche Lektorats-Prüfung erstellt.

Weitere Informationen zum Verlag und seinen Büchern finden Sie im Internet unter:

www.novumverlag.com